Wir können unser Leben ändern

AF208904

Günther Dohmen

Wir können unser Leben ändern

Gereimte Denkberichte IV

Bibliografische Information der Deutschen Nationalbibliothek
Die Deutsche Nationalbibliothek verzeichnet diese Publikation in
der Deutschen Nationalbibliografie; detaillierte bibliografische Daten
sind im Internet über http://dnb.d-nb.de abrufbar.

© 2009 Günther Dohmen
Satz, Umschlaggestaltung, Herstellung und Verlag:
Books on Demand GmbH, Norderstedt
ISBN 978-3-8391-5433-5

Inhalt

Über das Leben nachzudenken
und die Gedanken so zu lenken,
dass sie in eine Versform passen,
das heißt, sie knapper zu erfassen
und sie auch rhythmisch einzupassen.

In kurze Zeilen übertragen
kann man dann auch so manches sagen,
was sonst in ellenlangen Sätzen
die Leser meistens nicht so schätzen.

Die philosophischen Gedanken,
die hier sich um »Gedichte« ranken,
sind auch für Suchende gedacht,
die sei's bei Tag oder bei Nacht,
nur kurz einmal zum Lesen kommen.

Sie können Anstöße bekommen,
den Versen jeweils nachzusinnen,
und dann auch selbst damit beginnen,
zu bilden eine Einstellung
zur eignen Lebens-Änderung.

Es ist nicht leicht, sich selbst zu ändern

Es steht in Büchern und Kalendern:
Wir müssen unser Leben ändern.

Warum nur immer reden wir
vom Besserwerden jetzt und hier,
wenn wir doch nur die Alten bleiben,
die lassen sich stets weiter treiben?

Warum nur trinken wir
noch immer so viel Bier?

Warum kann nichts uns retten
vor diesen Zigaretten?

Warum gefällt es uns so sehr,
zu essen viel zu fett und schwer?

Wir bräuchten viel mehr Altruismus
und stecken fest im Egoismus.

Wir müssten unsre Umwelt schützen
und Autos nicht so oft benützen,
um in der Gegend rumzuflitzen.

Wir müssten auch in allen Ländern
jetzt die Finanzsysteme ändern.

Doch 's bleibt beim Debattieren,
bis wir die Lust verlieren,
sodass die Banker weiter zocken
und dauernd wir im Auto hocken.

Wie soll denn jemals hier auf Erden
dann wirklich etwas besser werden?

Doch wichtig ist, es zu erkennen,
dass wir in unser Unglück rennen,
wenn wir so immer weiter pennen,
von Gier und Sucht uns jetzt nicht trennen
und nicht zur Wandlung uns bekennen.

Wenn wir mal in den Spiegel schauen,
dann muss es uns doch ziemlich grauen
vor unserer Erbärmlichkeit.

Warum sind wir so schrecklich weit
von menschlicher Vollkommenheit?

Wir sind oft Egoisten,
die andre überlisten.
Wir tun fast alles in der Welt,
wenn man uns gibt dafür viel Geld.
Und für ein heimliches Vergnügen
sind wir durchaus bereit zu lügen.

Wenn Machtverhältnisse sich ändern,
dann können wir uns mit verändern,
weil wir es wunderbar verstehn,
die Fahne nach dem Wind zu drehn.

Auch wenn die Umwelt wir zerstören,
wolln wir die Mahnungen nicht hören.

Wir suchen unsern Vorteil nur,
das scheint so unsere Natur.

Warum sind wir denn nur so schwächlich
und immer wieder so bestechlich?

Will man sich überwinden
und zur Verbess'rung finden,
braucht man vielleicht mehr Kraft,
die das Vertrauen schafft
in Glaubens-Quellen,
die uns den Sinn erhellen,
für den wir uns zum Kampfe stellen?

Wenn wir uns ändern sollen,
dann hängt's nicht nur am Wollen.
Wir müssen uns auch fragen:
Was können wir ertragen,
wenn unser Vorsatz konkurriert
mit etwas, was man täglich spürt
als ein Bedürfnisziel,
das für das Glücksgefühl
entscheidend wichtig ist,
weil es heut üblich ist.

Verzichten auf Besitz und Geld
in unsrer Waren-Wirtschaftswelt,
das rigoros zu fordern,
heißt Menschen überfordern.

Denn etwas zu erwerben
im Leben vor dem Sterben,
das gibt uns ein Gefühl von Macht
und Ausdehnung, das glücklich macht.

Statt darauf gänzlich zu verzichten,
gilt's den Besitz neu zu gewichten:
Er sollte uns sozial verpflichten.

Die radikale Wendung
von Energie-Verschwendung
und ein ganz grünes Leben starten,
kann man von uns auch nicht erwarten.

Auch unsre Sex-Betätigung
bringt eine Selbstbestätigung.
Wer ist denn zum Verzicht bereit
auf sexuelle Seligkeit,

die man als Frau und Mann
sich gegenseitig geben kann,
– auch wenn wir nicht zu Hause bleiben
und es mit andern Partnern treiben?

Genügt es, dass wir was empfinden,
was man mit »Liebe« kann verbinden
und Partner-Anerkennung
und Überwindung einer Trennung
von isolierten Einzelwesen,
die vorher einsam sind gewesen?

Es muss zuerst drum gehen,
Verantwortung zu sehen,
doch sie auch völlig wahrzunehmen,
heißt dann oft, sich zu übernehmen.

Die absolute Nächstenliebe
und allgemeine Menschenliebe
und Menschheits-Sozialismus
und hehrer Altruismus,
das bleibt nur Utopie
und funktioniert wohl nie,
weil unsre Triebe sich dagegen
zur Selbstbehauptung regen.

Es scheint deshalb vermessen,
natürliche Interessen
so einfach zu vergessen.

Der Trieb zum »schöner leben«
ist halt naturgegeben
und wendet sich dagegen,
die Selbstsucht abzulegen.

Vielleicht kann es im Menschenleben
nur immer Kompromisse geben?

Doch ohne Ideale
bleibt man im Jammertale.
Wenn wir nach ihnen streben,
kann's uns ein Stück erheben.

Auch wenn wir selbst sie nicht erreichen,
sind sie ein klares Richtungs-Zeichen.

Wenn wir Konzepte suchen,
nach denen wir versuchen,
jetzt zu verändern unser Leben,
dann muss es Diskussionen geben,
die frei mit Argumenten
und ohne Interessenten
sich um Verständigung bemühn
und daraus Konsequenzen ziehn.

Da muss man radikale Fragen
dann auch zu stellen wagen:

Was hats für einen Sinn,
dass ich auf Erden bin?

Nach welchen Neigungen und Pflichten
soll ich mich letztlich richten?

Wie wichtig ist das Geld
für mich in meiner Welt?

Wie steh ich zur Nation
und zur Integration?

Wie schätze ich die Freiheit ein?
Und klag ich sie für alle ein?

Was tu ich für Natur-Erhaltung
und eine Oko-Lebenshaltung?

Und wo in meinem Credo steht
soziale Solidarität?

Und wie kann ich es sicher stellen,
dass die Vernunft in allen Fällen
mein Handeln darauf kontrolliert,
was anderen dabei passiert?

Wie seh ich heute das Gewissen
und dass wir danach handeln müssen?

Und kann ich immer sicher sein,
dass mein Gewissen lädt mich ein,
beim Handeln stets gerecht zu sein
und nicht zu fallen kläglich rein
auf einen teuflisch schönen Schein?

Um diese Fragen anzugehen,
muss man die Hintergründe sehn
und die verschiednen Sichten,
die kontrovers gewichten.

Da ist das kritisch Prüfen gut
in einem offenen Disput,
der auf der Toleranz beruht,
die jedes Argument verdient,
das offner Wahrheitssuche dient.

Da kann's keine »Correctness« geben
und kein Tabu beim Wahrheitsstreben
– und keinen Meinungsdruck daneben.

Schwarz-Weiß Polarisieren
darf dann auch nicht passieren
und Ideologisieren
kann nur ins Abseits führen.

Sich offenem Diskurs zu stellen,
ist eine der Erkenntnisquellen,
die uns die Orientierung geben,
wie wir verändern unser Leben.

Was hat das Menschenleben
für einen Sinn?
Wer kann mir Antwort geben,
warum ich bin?

Ich frag mich, welche Gaben
wir denn als Menschen haben,
die uns von andern unterscheiden,
die auch auf dieser Erde weiden?

Wir können Denken und Verstehn,
warum so manches ist geschehn.

Wir können's sprachlich fassen
und diskutieren lassen.

Wir spüren in uns ein Gewissen,
das mahnt, dass wir uns mühen müssen,
uns friedlich zu vertragen
in allen Lebenslagen.

Die Gabe der Vernunft
macht's möglich, die Zukunft
des Ganzen kritisch zu bedenken
und unser Handeln so zu lenken,
dass wir auch an das Ende denken.

Statt an die Gier sich zu verlieren,
können Verantwortung wir spüren,
das Leben ethischer zu führen.

Wenn dieses sind Besonderheiten,
die uns spezifisch unterscheiden
von andern Lebewesen,

lässt sich nicht daraus lesen,
was unser Lebensauftrag ist
und was der Sinn des Menschseins ist?

Der Mensch lebt auf der Erde
und was aus ihr auch werde,
es wird sein Schicksal sein.

Er nistet überall sich ein,
beginnt die Wälder zu planieren,
die Erde zu zu betonieren
und zu Verwüstungen zu führen.

Und niemand kann ihn hindern,
Erd-Schätze auszuplündern.

Der Mensch setzt viel aufs Spiel,
weil er stets mehr noch will.

Es wachsen ständig schon die Mengen,
die sich auf dieser Erde drängen.
Und damit wächst dann leider auch.
bei den Ressourcen der Verbrauch.

Die Erde wird geschunden,
Urwälder sind verschwunden.

Man lebt mit Abfallbergen.
Und in Atomkraftwerken
wird's Endlager-Problem
zunehmend unbequem.

Die Umwelt wird sich wehren,
das Wetter wird zerstören
zunehmend Menschenleben
und ihr Komfort-Erstreben.

Und das Verhältnis zu der Erde
wird laufend Anlass zur Beschwerde
und zwingt uns zur Besinnung
und Einsichten-Gewinnung:

Wir müssen unser Leben ändern,
besonders in den reichen Ländern,
die heut den größten Raubbau treiben
und schlimmste Klima-Killer bleiben.

Es wird in unserm Leben
kaum 'ne Verantwortung noch geben,
die schon in unsrer Lebensfrist
so essentiell entscheidend ist
wie die, dass wir die Umwelt schonen
für die, die nach uns in ihr wohnen.

Neben der Friedenssicherung
ist die Verbesserung
der Umwelt-Einstellung
für uns der Angelpunkt
und auch der Wendepunkt,
der uns kann ethisch zwingen,
um die Veränderung zu ringen
in unsrer ganzen Lebenshaltung
zur friedlicheren Welt-Erhaltung.

Wir haben ein Moralgefühl,
das prägt auch unsern Umgangsstil.
Es stärkte unser Mitgefühl,
dass es uns meistens nicht gefiel,
wenn jemand unter Räuber fiel.

Doch 's ist nur ein Gefühl
ohne ein klares Ziel.
Es rührte sich als Widerstand,
wenn man etwas nicht richtig fand.

Von religiösen Lehrbetrieben
ist uns der Glaubenssatz geblieben:
Man sollte seinen Nächsten lieben.

Doch beim politischeren Tun
macht das uns leider nicht immun
gegen so manche Ideologen,
die eloquent uns so belogen,
dass auch unser Moralgefühl
dagegen nicht mehr half sehr viel.

Das »selbstlos Handeln« kann allein
auch manchmal unmoralisch sein,
– auch wenn es dem Moralgefühl
doch eigentlich ganz gut gefiel.

Den Egoismus überwinden,
sich an Gemeinschaftsziele binden,
das stützt sich nun einmal
auch auf Gewissen und Moral.

Doch man muss kritisch wissen,
dass neben dem Gewissen
wir die Vernunft bemühen müssen.

Vernunft kann unser Handeln lenken,
dass wir stets an das Ganze denken:
Wie weit kann unser Engagieren
auch in der Welt zum Frieden führen
und nicht nur dienen der Nation
oder der eignen Konfession?

Es braucht wohl die Zusammenkunft
unsres Gewissens mit Vernunft.
Nur wenn die beiden sich verbinden,
kann man zum wahren Frieden finden.

In den Real-Zusammenhängen,
in denen wir im Leben hängen,
gilt es Motive aufzuspüren,
die unsre Seele tief berühren,
weil sie uns zur Besinnung führen,
wie wir das Leben weiter führen.

Wir sollten drum in schweren Tagen
uns immer wieder kritisch fragen:

Solln wir denn immer nur probieren,
etwas für uns zu profitieren,
statt aufs Gewissen mehr zu achten
und alles mit Vernunft betrachten
– und unser Leben revidieren?

Es scheint doch theoretisch klar,
was immer unser Auftrag war:

Die Maße unsrer Menschlichkeit
beruhn auf der Dreieinigkeit
von Freiheit, Ordnung und Moral.

Wenn dieser Dreiklang wird normal,
kann ein gelingenderes Leben
sich daraus auch für uns ergeben.

Die Freiheit macht die Würde aus,
sie zeichnet uns vor allem aus:
Wir können uns entscheiden
fürs Wollen oder Meiden.

Und wenn wir wählen müssen,
dann hilft uns unser Wissen
und auch unser Gewissen.

Doch es kann allzu leicht passieren,
dass unsre Gier uns kann verführen,
die Freiheit auszunützen,
um nur uns selbst zu nützen
– und das kann dazu führen,
dass andre sie verlieren.

Die Freiheit aller abzustützen
heißt gegen Missbrauch sie zu schützen.
Drum muss für das Zusammenleben
es eine klare Ordnung geben.
Die muss der Staat dann garantieren
und demokratisch regulieren.

Doch wir erfahren immer wieder:
Wir sind halt doch nicht alle bieder.
Wir suchen unsern Vorteil auch
durch einen glatten Rechts-Missbrauch.

Und darum brauchen wir
auch eine Ethik hier,
die uns auch noch von innen hält
und jeden Missbrauch uns vergällt.

Wir müssen die Moral bewahren
und Pflichtgefühle neu erfahren
und das Gespür für Anstand stärken
und die Verlässlichkeit uns merken
als Maßstab für das Tun und Denken,
nach dem wir unser Leben lenken.

Mit der Dreieinigkeit
von Freiheit, Ordnung und Moral
bestehen wir die Zeit
trotz Krisen allemal
und wahren unsre Chance
zu halten die Balance,
die unsern Frieden trägt
und uns zur Menschlichkeit bewegt.

Das scheint doch alles klar
und klingt auch wunderbar
– wenn es nur nicht so schwer
im Alltag umzusetzen wär.

Was haben wir für Möglichkeiten,
wie wir vielleicht doch noch bei Zeiten
Verbesserungen vorbereiten?

Wir schaffen's nicht alleine,
sondern nur im Vereine
mit andern, die mit gleichem Streben
der Welt 'ne neue Hoffnung geben.

Dazu braucht's aber auch ein Ziel,
das uns vermittelt das Gefühl,
dass wir um etwas Großes ringen,
das uns wird Anerkennung bringen,
weil wir uns selbst dabei bezwingen.

Kommt dann nicht auch Begeisterung,
die gibt uns innerlichen Schwung
und ethische Befriedigung?

Müssen wir erst die Welt verändern?

Heißt unser Leben ändern,
nicht nur uns selbst zu ändern
sondern die Welt verändern?

Wie können wir allein bestimmen,
ein bessres Leben zu beginnen?
Bestimmen nicht die andern mit
und wirkt nicht die Gesellschaft mit?

Wer kann denn ganz allein
nur selbst sein Schicksal sein?
In einer bösen Welt
verdirbt der größte Held.

Wir sind manipulierbar,
durch Umstände verführbar.

Solln wir moralischer jetzt werden,
muss auch die Umwelt besser werden.

Wenn ein System auf Raffgier baut,
hat 's meist die Möglichkeit verbaut,
ein sinnerfülltes Leben
mit Anstand anzustreben.

Bleibt um uns alles nur beim Alten,
dann bleibt bei uns auch das Verhalten
wahrscheinlich ebenso beim Alten.

Das Wechselspiel das macht es leicht,
dass man die eigne Bess'rung streicht,
um die Gesellschaft erst zu bessern,
– und damit alles zu verwässern.

Denn allzu selten es passiert,
dass es zu bessren Menschen führt,
wird die Gesellschaft reformiert.

Die alten Egoisten,
die überall noch nisten,
die lassen sich nicht binden;
sie werden Wege finden,
um alles weiter so zu treiben,
dass die Moral wird draußen bleiben.

Doch wenn wir uns nur selbst bemühen,
uns streng moralisch zu erziehen,
dann werden wir es sehr bald spüren,
wie leicht die Welt uns kann verführen.

Drum bleibt uns keine Wahl:
Wir müssen überall
gleichzeitig uns bemühen,
das Ganze aus dem Dreck zu ziehen
und dabei auch uns selbst erziehen.

Natur-Zerstörung sollt uns zwingen,
um das Verhältnis neu zu ringen
zwischen der leidenden Natur
und unsrer menschlichen Kultur.

Gesetze der Natur
für uns zu nützen
und unsere Kultur
vor ihr zu schützen,
ist das die Quintessenz
menschlicher Existenz?

Ist unsre Lebenswelt
nur auf Profit gestellt?
Gilt's nicht auch die Natur zu schützen,
statt nur sie für uns auszunützen?
Ist Pflege der Natur
nicht Teil unsrer Kultur?

Um das voran zu bringen,
muss man sie lieb gewinnen
die Tiere und die Pflanzen
und die Natur im Ganzen.

Politiker sind bei den Spesen
für sich oft großzügig gewesen.
Sie sind auch mal korrupt gewesen,
wenn eine Lobby sie belohnte,
weil man sie im Gesetz verschonte.

Aus ganz parteiischen Interessen
haben Politiker vergessen,
dass sie nach dem Gewissen
sich frei entscheiden müssen.

Dass, wird man schlecht regiert,
man leicht den Mut verliert,
ein ethisch bessres Leben
auch selber anzustreben,
das ist ein Argument,
das kritisch schon erkennt,
dass wir sind selbst, oft nur versteckt,
durch den Bazillus angesteckt
von Gier und Egoismus
des Spesen-Fetischismus.

Das ökonomisch Denken
kann unser Hirn verrenken,
dass wir auf Schritt und Tritt
nur denken an Profit.

In der profit-verseuchten Welt
fließt in den Adern oft nur Geld.
Drum brauchen wir 'ne Blutzufuhr
von einer menschlichen Kultur,
in der noch andre Werte gelten
als in Kasino-Börsenwelten.

Der Umgang mit dem Geld,
der korrumpiert die Welt-
nicht in der Wirtschaft nur,
auch in unsrer Kultur.

Es gibt zu viele Vorstandsposten,
die protzige Gehälter kosten.

Wer nur mit fremden Geldern zockt
und in bequemen Büros hockt
bei Banken und Versicherungen,
wieso bekommt der so viel Geld,
dass es weit aus dem Rahmen fällt?

Und wenn ein Star Millionen scheffelt,
weil er schön in die Medien lächelt,
oder wenn heut ein Fußball-Star,
der nur ein armer Schlucker war,
wird plötzlich Millionär,
dann wundert es doch sehr,
dass alle Welt das akzeptiert
und drüber gar kein Wort verliert.

Und wenn dann so ein Medien-»Held«
mal wieder eine Hochzeit hält,
– die auch wieder nicht lange hält-,
dann trifft sich da, oh je,
die neue Hautevollee.

Und alle Sternchen kreuzen auf,
weil sich die Medien stürzen drauf,
und keiner ist entsetzt

und fühlt sich da versetzt
in eine leere Glitzerwelt,
die sich auch noch für wichtig hält,
weil sie so protzt mit ihrem Geld.

Da regt sich nicht der Neid,
es tut einem nur leid,
wie viele so was richtig finden
und denen auch noch Kränze winden,
die als was Bessres sich empfinden,
weil sie in der verkehrten Welt
nur schwimmen in verirrtem Geld.

Wenn alle Welt sich so
auf diesem niedrigen Niveau
vom Geld bezirzen lässt,
dann schwindet leicht der Rest
vom Glauben an die Änderung
und an die Weltverbesserung.

Das hochmoderne Banksystem
ist doch so wunderbar bequem:
Der Mensch wird mit der Zeit
von eigner Arbeit ganz befreit.
Die meiste Arbeit in der Welt
die leistet dann das Börsen-Geld.

Man pumpt sich einen Haufen Geld
und gibt es in die Börsenwelt.
Man leiht es immer weiter aus
und profitiert sehr schnell daraus,
weil's immer Zinsen bringt,
die man erneut einbringt,
um noch mehr Zinsen zu gewinnen
– und eigner Arbeit zu entrinnen.

Man zahlt die Schulden nicht zurück,
man »finanziert« sie Stück für Stück.
Man gibt die Schuldscheine gleich mit,
macht ein Paket damit
und macht so immer weiter,
das Angebot wird breiter
durch immer neue Schuldenteile.
Dann setzt man drüber eine Zeile
mit einem schönen Namen,
damit die Käufer kamen.

Das Geld, das man nicht hatte,
bringt so allmählich satte
Gewinne und Optionen,
die immer mehr sich lohnen
bis man verdient Millionen.

Doch diesem virtuellen Geld
entspricht in der realen Welt
kein Wert, den man dafür erhält.
Es sind geschuldete Millionen,
die ruhen nur auf Illusionen.
Wenn Krisen daran kratzen,
beginnen sie zu platzen.

Warum sind wir zu gierig
und auch zu dumm und schmierig,
um diesen Wahnsinn zu durchschauen
und diese Schulden abzubauen?

Man sieht nur die Millionen,
die mit Spekulationen
die anderen zusammen raffen
und damit eine Stimmung schaffen,
bei der Bescheidenheit verdirbt
und die Gerechtigkeit verstirbt.

Verlassen das Reelle
durch Flucht ins Virtuelle,
das geht nicht lange gut.
Sei'n wir drum auf der Hut
vor unreellen Geldgewinnen,
die in der Wirklichkeit nicht stimmen.

Es gibt in dieser Welt
noch viel zu viel vom Geld,
dem kein reeller Wert entspricht
und das Kontrollen leicht entwischt.

Es hat zu Auswüchsen geführt,
dass Geld auch selbst gehandelt wird
und hin und her geschoben wird.
Man sucht es billiger zu kaufen,
ums teurer weiter zu verkaufen.

Das führt zu einer Geldvermehrung
und der verrückten Sinnverkehrung
einer gesunden Geldwirtschaft,
die doch etwas Reelles schafft,
indem sie Leistungen vergütet
und Engpässe verhütet.

Um Börsengelder zu verknappen
müsst man vielleicht Gehälter kappen
bei denen, die viel mehr kassieren,
als, um ihr Leben gut zu führen,
sie sinnvoll nützen können,
weshalb sie dann zur Börse rennen.

»Die Leistung muss sich aber lohnen«,
das sagt man gern, um die zu schonen,
die gleich ein Vielfaches verlangen,
von dem was andere erlangen,
die auch ihr Bestes geben
und doch bescheiden leben.

Doch da berühren wir
das Grundproblem der Gier,
die alle Menschen hier
noch viel zu stark bewegt,
als dass sich ihr Gewissen regt.

Drum müsste sich in allen Ländern
allmählich diese Haltung ändern,
damit nicht mehr das Geld
regiert die ganze Welt.

Durch hemmungsloses Schulden-Machen.
wird das System zusammen krachen.

Wenn erst die Banken spekulieren
mit Schulden und Verlustpapieren
und sich vor lauter Gier verzocken,
dann bleiben sie auf Schulden hocken.

Um dann das Bankengeld zu retten,
draußen im Land und in den Städten
muss Vater Staat die Banken retten.

Doch da sein Haushalt ist verschuldet,
weil's die Politiker geduldet,
dass auch in guten Zeiten man
nur häufte ständig Schulden an,
bekämpft man diese Banken-Schulden
mit neuen Steuerzahler-Schulden.

Das kann zum Staats-Bankrott uns führen,
bei dem wir alles Geld verlieren
– und auch die Schulden nicht mehr spüren.

Vielleicht sieht man als Ausweg schon
die Geldentwertungs-Inflation?

So Geld vermehren durch Kredit
fordert heraus zum Währungsschnitt.

Wir sollten das durchschauen
und der Finanzwirtschaft misstrauen.
Wir sollten selbst nicht spekulieren
und auch den Durchblick nicht verlieren

und noch viel früher es schon spüren,
wohin die Geldgier uns kann führen.

Und das heißt bei uns allen:
Die Gürtel enger schnallen
und leben mehr normal
mit Anstand und Moral.

Je näher neue Wahlen kommen,
sind die Parteien wohl gesonnen,
den Wählern alles zu versprechen
– was sich wird später bitter rächen.

Da werden Zulagen verschenkt
und Steuern gnädig noch gesenkt,
wobei man gar nicht daran denkt,
dass das, was man den Bürgern »schenkt«,
doch gar keine Geschenke sind,
weil es der Bürger Gelder sind.

Der Schuldenberg, der steigt,
die Zukunft wird vergeigt.
Dann kommt die Inflation
und führt in Kürze schon
zum völligen Verlust
und zum totalen Frust
bei den betrognen Massen,
die alle Hoffnung lassen.

Die fühlen sich verlassen
und fangen an zu hassen.
Und bei den nächsten Wahlen
siegen die Radikalen.

Und die Parteien sehn zu spät,
wohin die ganze Reise geht:
Ihr Einfluss der nimmt ab,
sie schaufeln sich ihr Grab,
wenn sie das Steuergeld verschwenden
und schließlich in der Pleite enden.

Wie kann man nur so blöde sein
und fall'n auf diesen Schwindel rein?

Wir sollten das durchschauen
und mehr uns selbst vertrauen
mit Bürger-Initiativen,
die nach dem Staat nicht riefen,
sondern als Frau und Mann
packen in unsrer Umwelt an,
wo immer man was bessern kann.

Gibt's Zulagen für alle,
auch in dem häuf'gen Falle,
dass jemand 's gar nicht nötig hat,
weil er schon selbst genügend hat,
dann sollte er darauf verzichten
und sich nach dem Gemeinwohl richten.

Muss man denn Millionären
den Bonus noch gewähren,
den wir für Kinder heute geben,
damit sie menschenwürdig leben?

Soll man die Boni ihnen streichen,
oder kann man es doch erreichen,
dass die besonders Reichen
die Gelder weiter reichen
in einen allgemeinen Topf
für manchen wirklich armen Tropf?

Am besten wär's, uns zu verpflichten,
auf Wahlversprechen zu verzichten,
um nur noch sachlich zu berichten
und mit den andern nur zu streiten
über reale Möglichkeiten
der Besserung in schweren Zeiten.

Vermittlung scheint ein Haupt-Problem.
Warum ist es denn so bequem,
im Zwischenhandel reich zu werden
und sich als Krösus zu gebärden?

Da gibt's die vielen hundert Banken,
an denen die Finanzen kranken,
weil sie mehr an sich selber denken,
statt dass sie fremde Gelder lenken
als Darlehen an Interessenten,
die produktiver es verwenden.

Wenn sich die Bank verzockt
und ihre Arbeit stockt,
dann muss man sie nicht retten,
und Steuergelder in sie stecken,
um ihr die Möglichkeit zu geben,
noch größ're Boni zu vergeben.

Wenn sie Millionen jetzt erhält
von Steuerzahlers Geld,
dann wird sie selbst sich erst sanieren
und ihre Vorstände salvieren.

Lasst diese Banken untergehn
und sie in Insolvenzen gehn.
Lasst die nur übrig bleiben,
die redlich ihr Geschäft betreiben
als ehrliche Bewahrer
der Konten ihrer Sparer,
und die beim Zins solide sind
und deren Chefs bescheiden sind.

Mit all den großen Geldgeschenken,
die in die Banken wir versenken,
könnten Betriebe wir bedenken,
die kritisch in die Pleite gehen,
wenn sie nicht bald Kredite sehen.

Für die Vermittlung brauchts Systeme,
die nicht so maßlos ins Extreme
sich aufzublasen suchen
und die nicht von dem Kuchen,
den sie doch nur vermitteln sollen,
so viel stets für sich selber wollen.

Das gilt auch für die andern Händler,
die sich als die Vermittlungs-Pendler
mit Brücken- und Scharnier-Funktionen
zwischen verschiedenen Personen
hilfreich erweisen sollen
– und zu viel für sich selber wollen.

Vermittler sollten fair beraten,
und nicht durch eigne Bonus-Raten
gezielt dazu veranlasst werden,
dass alle gleich zu Kunden werden
der eignen Agenturen
und Manager-Figuren,
die heimlich sich ins Fäustchen lachen,
weil sie den größten Reibach machen.

Vermitteln ist viel lukrativer
als wenn man sehr viel produktiver
was Substanzielles schafft
für unsere Volkswirtschaft.

Drum fällt für Bauern nicht viel ab,
wenn sie sich noch so rackern ab,
während die Handelsketten
sich auf Millionen betten.

In dieser Situation
ist doch die Relation
dessen, was die verdienen,
die als Vermittelnde nur dienen,
zu dem, was man erhält,
wenn man etwas erstellt,
schon längst nicht mehr gerecht
und für die Arbeitsfreude schlecht.

Will man die Wirtschaft reformieren,
muss man viel mutiger probieren,
die Makler- und Beraterschichten
mehr hinzuweisen auf die Pflichten,
trotz der Verlockung durch viel Geld
zu stehen für 'ne faire Welt.

Doch dieses Fair-Sein fällt sehr schwer,
es widerspricht doch all zu sehr
dem Kampf mit Konkurrenz
um noch mehr Effizienz
– und seiner Potenzierung
durch die Globalisierung.

Muss man die vielen Banken stützen,
die sowieso kaum noch was nützen?
Würd es nicht auch vielleicht genügen,
mit wenigen sich zu begnügen?

Und statt mit Zinsen spekulieren,
genügt 's da nicht, zu garantieren:
das Geld wird nicht den Wert verlieren,
das man im Leben oftmals hart
sich hat vom Munde abgespart?

Wenn man nur einen Zinssatz kennt,
vielleicht nicht mehr als ein Prozent,
und wenn man auch Kredite dann
für ein Prozent sich leihen kann,
dann gäb es die Gefahr nicht mehr,
dass man stets beinah pleite wär,
wenn man nicht ständig expandiert
und immer mehr noch produziert,
was doch zum Überfluss nur führt.

»Volksbanken« könnten's Geld verwalten
und Darlehen dann so gestalten,
dass sie das Kapital erhalten
und damit nicht mehr spekulieren,
um's an der Börse zu verlieren.

Und für die Ablaufs-Kosten,
die diese Kassen kosten,
wär'n mit 'ner Staatsbank sie liiert,
die für die Konten garantiert.

Mit Geld allein Geschäfte machen
und all die schrägen Börsensachen,
das würde dann zusammen krachen.

Erst wenn einmal das Geld
nicht mehr regiert die Welt,
sondern als schlichtes Zahlungsmittel
und noch vielleicht zu einem Drittel
für Darlehen vergeben wird
und nicht zu »Zinsknechtschaften« führt,
dann wird das Chaos überwunden
und unsre Wirtschaft könnt gesunden.

Die Staatsbank bliebe drauf beschränkt,
dass sie die Steuergelder lenkt
nach öffentlichen Haushaltsplänen
und dass sie dann auch denen,
die noch ihr Geld den Banken geben,
die nöt'ge Sicherheit kann geben.

Wär das ein Kapitalismus
versöhnt mit Humanismus?

Und könnte das nicht Chancen geben
zu einem ethischeren Leben?

Dem Kapital
ist ganz egal
was nicht seiner Vermehrung dient.
Wenn nur der Aktionär verdient!

Doch Maximierung von Gewinn,
das ist doch nicht der Sinn
von Dienstleistungs-Betrieben.
Wo ist denn die Idee geblieben,
den Mitbürgern zu dienen,
die hilfsbedürftig schienen?

Ist es das Unternehmensziel,
nur zu verdienen möglichst viel?
Geht's nur ums rationalisieren
und Kosten reduzieren
und die Gewinne maximieren?

Was soll die Firma denn erreichen?
Noch mehr Rendite für die Reichen?
Soll sie der Geldvermehrung dienen,
dass Anteilseigner mehr verdienen?

Worum es sich hier dreht,
ist die Priorität:
Die Firma ist auch ein Verband,
der sich sozial zusammen fand
aus ganz verschiedenen Personen,
für die es sich soll sicher lohnen,
auch für mehr Leistung sich zu straffen,
um etwas Wertvolles zu schaffen,
was andern Menschen helfen kann
und kommt bei vielen Kunden an.

So ein sozialer Zweckverband
bringt einen hohen Leistungsstand,
wenn alle sich darum bemühen,
auch an dem gleichen Strick zu ziehen,
um was gemeinsam aufzubauen
in solidarischem Vertrauen.

Wenn sie verantwortlich sich fühlen,
auch ein Ergebnis zu erzielen,
das auf dem Markte dann
die Arbeitsplätze sichern kann,
entsteht vielleicht ganz frei und bunt
auch ein Verantwortungs-Verbund,
in dem es um die Menschen geht
und nicht nur um die Aktien dreht.

Was hält die Gesellschaft in Frieden zusammen?

Nicht, dass die einen die andern verdammen,
weil sie sich schlecht behandelt fühlen
und dauernd neben runter fielen,
wenn es um das Verteilen geht
des Nutzens, der durch sie entsteht.

Gewinn privatisieren,
Verlust sozialisieren,
die einen profitieren,
die anderen verlieren,
das ist die schreckliche Devise,
die führt zu der Gesellschaftskrise.

Wenn Scheren auseinander gehen,
die zwischen Arm und Reich entstehen,
wird die Gesellschaft unter gehen.

Wir sollten es viel klarer sehen:
Wenn Bürger das Vertrauen haben,
dass sie 'nen fairen Nutzen haben.
von dem Sozial-Zusammenhalt,
nur dann wird die Misere bald
gemeinsam überwunden
und Frieden neu gefunden.

Entwicklungshilfe ist ganz schön,
doch muss man ihre Grenzen sehn.

Den Armen Almosen zu geben,
ist sicher ein ganz edles Streben,
doch aus dem Elend sie zu führen,
dass sie den Glauben nicht verlieren
an neue Arbeitsmöglichkeiten,
um selbst ihr Leben zu bestreiten,
dafür uns selbstlos engagieren,
das sollten wir viel mehr probieren.

Doch das heißt das System zu ändern,
damit nicht in Entwicklungsländern
diese korrupten Oberschichten
Millionen-Konten sich errichten
mit den Entwicklungs-Spenden,
die nicht die Not beenden
der armen unterdrückten Massen,
weil ihre Bonzen sie verprassen.

Doch nicht nur in Entwicklungsländern
gilt es jetzt das System zu ändern.
Im reichen Westen bei uns hier
da leben so viel besser wir,
weil anderswo Millionen
in Not und Elend wohnen.

Wir leben auch von diesen Leuten,
die wir bedenkenlos ausbeuten
als Rohstoff-Lieferanten,
die keinen Wohlstand kannten.

Unsre potente Wirtschaftsmacht
hat um die Chancen sie gebracht,
dass sie beim Produzieren
auch mit uns konkurrieren.

Wenn in der Welt Millionen hungern,
und wir im Überfluss oft lungern,
dann sind wir doch noch himmelweit
von irdischer Gerechtigkeit.

Wir müssten fairer regeln
globale Wirtschaftsregeln.
Wir müssten selber auch verzichten,
und Menschlichkeit ganz neu gewichten.

Kann man moralisch leben
ohne danach zu streben,
nicht andre für sich auszunützen
und sie vor Ausbeutung zu schützen?

Wie können wir bessre Bürger werden?

Wir hören ständig die Beschwerden,
wir würden uns nicht engagieren,
für Politik nicht interessieren.

Wir gehn vielleicht zum Wählen,
doch unsre Voten zählen
nur für eine Partei
und die ist dann ganz frei,
parteiisch zu entscheiden,
worunter wir dann leiden.

So kommen wir wohl nie
zu mehr Demokratie.

Wir sollten mehr Personen wählen,
die regelmäßig uns erzählen,
warum sie was entscheiden
und anderes vermeiden.

Sie müssten uns auch offen legen,
schon der Beeinflussungen wegen,
wie sie ihr Geld verdienen
und wer noch spendet ihnen,
damit seine Interessen
werden auch nicht vergessen.

Das heißt: Durch viel mehr Transparenz
und personelle Konsequenz
aus laufender Rechtfertigung
wird Bürgerschafts-Beteiligung
an Parlamentsbeschlüssen,
die sich mehr öffnen müssen.

Die gleiche Transparenz
wär auch als Konsequenz
aus unsrer Wirtschaftskrise
ganz vordringlich für diese
Manager-Vorstände
und all die Lobby-Verbände,
die in dem Wirtschaftsleben
heimlich den Ton angeben.

Dass Bürger nur bei Wahlen
und bei dem Steuern-Zahlen
an dem gemeinen Wesen
beteiligt sind gewesen,
das ist der Grund für viele Klagen
übers politische Versagen
der demokratischen Strukturen
und Bürgerschafts-Kulturen.

Das Recht ist ein Gerüst,
bei dem ich gerne wüßt,
ob es stabil auch ist,
wenn 's den beschützen müsst,
der gegen die Regierung ist?

Das Recht ist aufs Gesetz bezogen,
und das wird allzu leicht verbogen,
wenn's auf Interessen ist bezogen.

Drum muss es solche Normen geben,
die die Parteien überleben
und auch die Parlamente binden,
besonders wenn sie sich verbünden
mit Glaubens- und Interessensbünden.

Die höchste Norm heißt Menschenwürde
und darauf fußt die Grundrechts-Hürde,
die alle Menschen schützt,
egal wem es sonst nützt.

Doch auch 's Gesetz- und Norm-Gerüst
noch clever zu umgehen ist,
wenn es nicht auch verankert ist,
in den Gesinnungen
und den Bedingungen
des freundlichen Zusammenlebens
und ethischen Gestaltungsstrebens.

Jede Gesellschaft ist auf diesen
ethischen Fundus angewiesen.
Von ihm zehrt das gemeine Wesen
und er ist immer schon gewesen
die Basis für ein bessres Leben,
das uns auch soll den Frieden geben.

**Demokratie wird wieder schwerer,
weil Diktatur wird populärer.**

Man hört in unsern Tagen
schon manche Leute sagen:

»Das Leben in der Diktatur
ist nicht im Alltag immer nur
die Unterdrückung und Tortur,
die man als Gegner dann erfuhr,
wenn man sich laut zum Widerstand
hat gegen das Regime bekannt.

Wer sich um Politik
und auch um das Geschick
der Gegner hat gedrückt,
der konnte ganz geschickt
auch unbehelligt leben
und beim privaten Streben
Glück und Erfolg erleben.

Und da die Diktaturen
auch immer gleich erfuhren,
wie ist die Stimmung bei den Massen,
versuchten sie, sich anzupassen
an das Bedürfnis und die Not,
bevor vielleicht ein Aufstand droht.

So gings den Leuten doch nicht schlecht,
man kam im Alltag gut zurecht.
Für Arbeitsplätze war gesorgt,
die Kinder wurden gut versorgt.

Man konnte sich einrichten
und beim politischen Gewichten
auf Freiheit auch verzichten.«

Der Meinung müssen wir uns stellen
und deutlich unser Urteil fällen:
dass Menschenwürde in der Welt
mit unsrer Freiheit steht und fällt.

Denn eine freie Tat
braucht einen freien Staat.

Der Mensch lebt nicht vom Geld allein,
er will nicht nur ein Spießer sein,
dem ganz bescheiden und vergnügt
der Alltag und sein Job genügt.

Er braucht halt doch so ab und an
etwas als Frau oder als Mann,
was ihn auch mal begeistern kann.

Dann sucht er einen Sinn-Ersatz
am Samstag auf dem Fußballplatz
oder er bringt sich stärker ein
in einem Hobby-Fan-Verein.

Wenn das ihm nicht gelingt
und keinen Aufschwung bringt,
dann kann es Fluchten geben,
die gehen ganz daneben:

Er findet Echo bei Faschisten
oder bei Terroristen
und bei den Islamisten.

Da findet er Beachtung
und Gegnerschafts-Verachtung.
Er kann sogar sein Leben
für etwas Großes geben
und kann unsterblich werden
als Märtyrer auf Erden.

Dagegen müsst es doch gelingen,
Begeist'rung auch zu bringen
für menschlichere Ziele
und Engagement für viele

soziale Hilfsprojekte,
mit denen man bezweckte,
dass Bürgerschaft und Lebenswelt
wird auf Gemeinschaft eingestellt,
die auf die Menschenrechte setzt
und solidarisch sich vernetzt.

In der Sozialbewegung
kommts leichter zur Erregung
und zu dem nöt'gen Schwung
zur Lebensänderung.

Wie ist die Welt für mich?
Manchmal ganz fürchterlich
und manchmal wunderbar
– ganz wie mir's selber war.

Ich weiß nicht, wie sie wirklich ist,
weil's meine Wahrnehmung nur ist,
was mir von ihr erscheint.

Und das ist stets vereint
mit meiner Art zu selektieren
und mir ein Bild zu konstruieren.

Und das hängt ab von der Gesinnung
und von der ganz akuten Stimmung,
in der was wahrgenommen wird
und wie es jeweils mich berührt.

Soll's in der Umwelt besser gehen,
muss ich die Besserung auch sehen:
Ich muss auch meinen Blick verändern,
sonst wird sich meine Welt nicht ändern.

Man muss drum wohl auf beiden Seiten
den Weg zur Änderung beschreiten.

Denn soll es draußen besser gehen,
muss man's auch selber besser sehen.

Wir müssen unser Denken ändern

Worauf bezieht das Denken sich?
Und wie betrifft es mich?

Ich nehme etwas geistig auf
vom täglichen Erfahrungslauf
und bilde eine Vorstellung
und ziehe eine Folgerung
und mache auch, was unbewusst,
mir vorstellbar und klar bewusst.

Wenn eine Einsicht man gewinnt,
und sie in eine Form gerinnt,
kann man sie in Begriffe fassen
oder sie im Symbol erfassen.

Gedanken sind Gebilde
in geistigem Gefilde.
Fass ich was in Gedanken,
dann sprenge ich die Schranken
dessen, was sinnlich fassbar ist
und mit dem Tod vergänglich ist.

Gedanken scheinen frei zu sein.
Doch können sie beeinflusst sein
von Macht- und Geld-Verhältnissen,
denen auch Denker folgen müssen.

Gedanken sind auch eine Macht,
die manches Licht hat schon gebracht
in das reale Alltagsleben.

Sie lassen Machthaber erbeben,
wenn sie zum Sturz Ideen geben.

Ist nicht unser Gedankenlesen
auch eine Brücke oft gewesen,
die aus der rüden Erdenwelt
hinein führt in die Geisteswelt,
die uns von manchem Zwang befreit
und macht uns innerlich bereit,
an eine bessre Welt zu denken
und unser Streben so zu lenken,
dass Ansätze zur Besserung
gewinnen auch im Alltag Schwung?

Um unser Leben neu zu lenken
müssen wir ändern unser Denken.

Und da darf man nicht schonen
das Denken in Schablonen:

»Der ist gut und der ist schlecht,
das ist falsch und das ist recht.
Der ist dumm und der ist schlau,
der ein Vorbild, der ein Pfau,
der ein Linker, der ein Rechter,
die ist besser, die ist schlechter?«

Bloß andre nicht so schnell verachten
und sie als »typisch« nur betrachten
sei's wegen ihrer Rasse,
ihrer sozialen Klasse,
oder ihrer Nation
oder der Konfession!

Sind denn nicht alle wir
auf dieser Erde hier,
um unsre Umwelt zu bewahren
und in versöhnten Friedensjahren
das Leben so vereint zu führen,
dass wir mehr Mitgefühl verspüren
und unser Vor-Urteil verlieren?

Wir mögen ganz verschieden sein,
uns manchmal nicht sympathisch sein,
wir dürfen nicht verzagen,
uns trotzdem zu vertragen.

Wir müssen solidarisch sein,
sonst gehen wir gemeinsam ein.

Die Einsicht ist der erste Schritt,
die zieht oft das Verhalten mit.

Wir müssen Abschied nehmen
von manchen Einheits-Schemen:

Auch wenn's uns gar nicht sehr gefällt:
Es gibt nicht nur die eine Welt.
Es gibt verschiedne Lebenswelten,
die für verschiedne Menschen gelten.

Da gibt es Industrie-Nationen
und elende Entwicklungs-Zonen.
Und viele arme Menschen hungern,
wenn andere im Luxus lungern.

Hier gibt's die Kapitalisten
und dort die Sozialisten.
Und militante Islamisten
die werden Terroristen
gegen des Westens Lebenswelt,
in der vor allem Wohlstand zählt,
der, stark auf Ausbeutung gestützt,
Entwicklungsländern wenig nützt.

Wenn wir die Unterschiede sehn,
um besser damit umzugehn,
dann geht's vor allem um den Frieden
bei diesen Unterschieden:
Es wird die allerhöchste Zeit
für Ausgleich und Gerechtigkeit!

Das geht nicht mit Gewalt
in diktatorischer Gestalt.

Die Bürger sollten selbst das richten,
und wer zu viel hat, soll verzichten.

Wenn wir das Geld zusammen nehmen,
aus Privilegien und Tantiemen,
das wir nicht brauchen für das Leben
und 's einer Ausgleichs-Kasse geben,
statt damit nur zu spekulieren,
auch mit dem Risiko, es zu verlieren,
dann hätten wir die Chance,
zu bessern die Balance
zwischen den Armen und den Reichen.

Wir setzten damit auch ein Zeichen,
dass wir gemeinsam uns entscheiden,
die Klassenkämpfe zu vermeiden
und solidarisch ganz entschieden
zu wahren den sozialen Frieden.

Das alles einzusehn
heißt einen Schritt zu gehn,
um auch dem eignen Leben
'ne neue Ausrichtung zu geben.

Die Zukunfts-Sicht gerät im Land
allmählich außer Rand und Band.
Man meint, die Zukunft zu erkennen
und traut sich Trends klar zu benennen.
Man hält sie für berechenbar
und die Prognosen schon für wahr:

»Vom Wettbewerb gibt's kein Entkommen,
der wird noch viel globaler kommen.
Der Markt wird radikaler,
der Druck katastrophaler,
weil nicht mehr jedermann
'nen Job erhalten kann.

Soziale Sicherung wird schwerer,
die Medien noch erkenntnis-leerer.

Und viel mehr Automaten
ersetzen unsre Taten.

Die Banken werden weiter zocken,
und uns mit ihren Zinsen locken.

Der Fortschritt, der wird weiter gehn
und sich noch immer schneller drehn.

Das zwingt als Konsequenz
zu rationeller Effizienz.

Man kann sich drauf verlassen:
Wir müssen uns anpassen
an diese neue Welt,
wo cleverness und Geld
und Wendigkeit nur zählt.

Das heißt: flexibler funktionieren
beim Jobben wie bei dem Studieren«.

Je mehr wir den Propheten glauben,
die das zu sagen sich erlauben,
je mehr wird diese Parodie
zur »self-fullfilling prophesy«.

Die Zukunft, die ist unbekannt.
Es liegt doch noch in unsrer Hand,
was wir als »Trend« schließlich entfalten,
wie unsre Zukunft wir gestalten
und wie wir selbst uns sehn
und unsern Auftrag hier verstehn.

Es gibt noch andre Dimensionen
mit viel humaneren Visionen
von einer künft'gen Welt,
die sich an die Verpflichtung hält
zur Solidarität,
bei der sich's mehr um Menschen dreht
und Anstand vor dem »ranking« steht.

Wir müssen dann durchschauen auch
gefährlichen Begriffsmissbrauch:

Wenn sie dich heute »Gutmensch« nennen,
dann ist das mehr ein Grund zum Flennen
als zum Sich-drüber-freun
und darauf stolz zu sein.

Denn die Bedeutung ist verschoben:
Man will nicht deine Güte loben,
sondern man meint mit Ironie
du träumst von einer Utopie:

»Ein Gutmensch ist naiv
und geistig primitiv,
denn er sieht nicht die Wirklichkeit
und er verkennt die Schlechtigkeit
der Menschen und der Welt,
in der der Schwache fällt«.

Der Spötter dünkt sich überlegen.
Er kann erfolgreich sich bewegen,
weil die Pragmatiker ihn mögen,
und er sieht ganz ironisch dann,
den »Gutmenschen« als »Weich-Ei« an.

Wer aber so von »Gutmensch« spricht,
der sieht den Sinn des Menschseins nicht,
wie er geschichtlich sich erschließt,
wenn's auch die Skeptiker verdrießt:

Die Menschheit könnt nicht überleben,
würd es nur Realisten geben.
Nur mit moralischer Besinnung

und Mitgefühls-Gesinnung
wird Streit und Krieg vermieden
und es gibt Freundlichkeit und Frieden
und mehr Gerechtigkeit
auch in der Krisenzeit.

Nur mit Vernunft und mehr Moral
durchschreiten wir das Krisental
und es gelingt uns zu verbreiten
die unerschlossnen Möglichkeiten,
die in den Menschen ruhn
zu positivem Tun.

Drum fallt nicht auf die Spötter rein
und lasst uns ruhig »Gutmensch« sein.

Auch Deutungsmuster gibt's zuhauf,
die zehren Ideale auf:

Im Osten wie im Westen
heißt Auslese der Besten,
dass man's nach oben schafft
mit rücksichtsloser Kraft,
der es im harten Ringen
würd skrupellos gelingen,
die andern zu bezwingen.

Man hat nur übersehen,
die Rolle, die Verstehen
und Offenheit und Herzlichkeit
und menschliche Verlässlichkeit
doch immer schon bei vielen
fürs Weiterkommen spielen.

Oft ist ein freundlicheres Wesen
doch viel erfolgreicher gewesen
als Härte und Entschlossenheit
und kesse Unverfrorenheit.

Die Fähigkeit zur Resonanz
ist wichtiger als Dominanz
von Stärke und von Ellenbogen,
die meist auf Männer ist bezogen.

Mehr Einfühlung und Mitgefühl,
das ist jetzt das Entwicklungsziel.
Und da kann man auf Frauen
mehr als auf Männer bauen.

Trägt nicht doch jeder -ismus-Streit
das Odium der Parteilichkeit?

Der Wahrheitsfindung dient er nicht,
weil meistens ein Interesse spricht.

Sollte nicht das Verstehen
vor unsrem Streiten stehen?

Ist da die Wissenschaft das Heil:
»Verstehen ohne Werturteil?«
Hat doch Max Weber vielleicht Recht,
dass Urteil über Gut und Schlecht
ist nicht des Wissenschaftlers Pflicht,
denn 's fördert die Erkenntnis nicht,
was Ursache und Wirkung ist
und wie etwas gekommen ist ?

Es ist doch schade, dass indessen
die Wissenschaftler leicht vergessen,
wie ihre eigenen Interessen
die Wahrheitsliebe oft zerfressen.

Gilt es nicht für uns alle,
dass wir in jedem Falle
Verstehen und Erkennen
zunächst vom Urteil trennen?

Erst muss man's zu verstehen suchen,
dann kann man's hinterher verfluchen,
– wenn man es nach der Einsicht dann
gewissenhaft noch tadeln kann.

Interesselos erkennen?

Wie man es mag benennen:
Es geht um eine Offenheit
für die Verschiedenheit
möglicher Zugangsweisen,
die Vorurteile speisen.

Denn jeder Forscher ist beschränkt,
weil er an seinem Blickpunkt hängt.

Mag er exakt auch messen,
wir sollten nicht vergessen,
dass eine Vor-Einstellung
schon in der Fragestellung,
oft scheinbar gut versteckt
in seiner Forschung steckt,
und dass sie drum zum Abgleich drängt
mit allem was zusammenhängt
mit seinem Forschungsfeld
und dem, was in der weiten Welt
von andern Forschern wird erhellt.

Die »Wahrheit« steckt im Ganzen nur,
in keiner einzelnen Struktur,
die wir von ihr entwickeln,
indem wir sie zerstückeln.

Das zwingt uns zur Bescheidenheit
und toleranten Offenheit,
weil unsre Einsicht ist begrenzt
und wird von anderen ergänzt.

Doch nachdenklich die Welt betrachten
und auch auf ihre Schönheit achten,
nach ihrem Sinn dabei zu trachten,
das bringt eine Gelassenheit,
die dann auch unsern Geist befreit.

Wer kann uns denn Gewissheit geben:
Was ist für uns das wahre Leben?

Wir wissen nur: Es ist
nicht richtig, wie es ist.

Wir spüren nur so viel:
Wir sind wohl von dem Ziel,
uns unbeschwert zu freun,
ein guter Mensch zu sein,
noch ziemlich weit entfernt.

Wir haben nicht gelernt,
bessere Lebens-Normen,
neue Verhaltensformen
und konsequentes Denken
auch in die Praxis umzulenken.

Was ist der Weisheit letzter Schluss,
dem man dann praktisch folgen muss?

Zu Fairness und Gerechtigkeit
sind theoretisch wir bereit.
Doch wie fängt man es heute an,
dass man es praktizieren kann
im harten Alltagsleben
mit seinem Geltungsstreben?

Wenn es die böse List
des Wirtschaftslebens ist,
dass du der Dumme bist,
wenn du sozial mal bist,
dann können edle Pflichten
dich wirtschaftlich vernichten.

Wenn du jedoch ein Christ
nicht nur mit Worten bist,
dann darfst du nicht verzagen,
dein Glaube muss dich tragen,
die Liebe neu zu wagen,
die mit mehr Mitgefühl
den andern helfen will,
auch wenn das heißt, zu stutzen
manchmal den eignen Nutzen.

Doch diese Überwindung
und ethischere Bindung
schafft man als Einzelgänger kaum
in einem asozialen Raum.

Es könnt am ehesten gelingen,
wenn wir noch mehr zusammen gingen,
um solidarisch drum zu ringen,
mehr Liebe in die Welt zu bringen
und mit auch vielen andern
gemeinsam hier zu wandern
in eine bessre Welt,
die uns dann mehr gefällt.

Wie kann man einen Krieg vermeiden?
Da immer einer doch von beiden,
die ständig Kriege führen,
wird diesen Krieg verlieren,
wird er auf Rache sinnen
und neuen Krieg beginnen.

Um diesen Kreislauf zu beenden,
muss man sich an die Sieger wenden
und sie zur Mäßigung bewegen,
wenn sich Vergeltungswünsche regen.

Und die Verlierer solln erfahren,
dass sie total geschlagen waren
und keine Chance mehr besteht,
dass es noch einmal anders geht.

Dem Willen zur Revanche
nimmt es auch jede Chance,
wenn dem Verlierer man
plausibel machen kann,
dass er den letzten Krieg begann
aus bösen kriminellen Gründen.

Wenn die Verlierer dann empfinden:
Sie sind auch schuldig mit geworden
fürs Plündern und fürs Völker-Morden,
dann wächst auf dieser Bühne
Bereitschaft auch zur Sühne
im Namen der Gerechtigkeit,
– die dann auch selber was verzeiht.

Und was dabei entscheidend ist,
dass Hass und Rache man vergisst
und dass sich kein Gefühl mehr rührt,
das zu Vergeltungs-Schlägen führt.

Bei so einer Behandlung
kommt es dann auch zur Wandlung,
die jenen Kreislauf unterbricht,
der sonst den Frieden wieder bricht.

Wir haben alles übertrieben.
Was ist uns heute denn geblieben
von diesem alten Herrschaftsplan:
»Macht euch die Erde untertan«?

Wir haben die Natur gestutzt
und ihre Kräfte ausgenutzt
für Technik und mehr Schnelligkeit
und Wohlstand und Bequemlichkeit.

Doch jetzt schlägt die Natur zurück,
zerstört ein trügerisches Glück
durch Umwelt-Katastrophen
als Antwort auf Ganoven,
die Raubbau so getrieben,
dass kaum noch Wälder sind geblieben.

Die Umwelt ist schon weit zerstört
und unser Klima so gestört,
dass wildeste Naturgewalten
jetzt ihr Zerstörungswerk entfalten
mit Fluten und Orkanen,
die uns zur Umkehr mahnen.

Das »immer weiter, immer mehr«
passt als Parole heut nicht mehr.
Wir haben's Konto überzogen
und in die Taschen uns gelogen,
zu sehr auf Pump gelebt
und nach Profit gestrebt,
nicht an die Zukunft mehr gedacht,
die wir den Kindern schwer gemacht.

Wir brauchen jetzt mehr Ehrlichkeit
und mehr Behutsamkeit
im Umgang mit den Wäldern
– und mit den Steuergeldern.

Gerad in kritischen Zeiten
muss man sich vorbereiten
auf manche Wahlversprechen,
die die Politiker dann brechen,
wenn sie die Macht gewonnen haben
und wir die großen Schulden haben.

Wir sollten es nicht dulden,
dass die Politiker mit Schulden
vor Wahlen solchen Raubbau treiben,
dass dessen Folgen uns dann bleiben.

Wenn die sich ändern sollen,
liegt's aber auch am Wähler-Wollen:
Wenn Schweres wir nicht hören wollen
und dafür lieber wundervollen
Versprechungen vertrauen,
dann müssen doch die schlauen
Parteien darauf bauen.
Sie wolln uns doch in Stimmung bringen,
dass sie mit uns die Macht erringen.

So kommt's zum Wettstreit von Versprechen,
die nach der Wahl sie häufig brechen.

Kaum ist die Wahl zu Ende,
kommt es zu einer Wende:
Die Wahrheit wird dann nackt serviert,
mit Katastrophen-Angst garniert,
und das Versprechen wird storniert.

Wenn wir das doch schon ahnen,
sollten wir selbst uns mahnen,
die Wahrheit vorher zu erfragen
und ihre Härte zu ertragen,
dann spar'n wir die Enttäuschungs-Qualen,
die sonst sich häufen nach den Wahlen.

.

Die Einstellung zum Geld verändern,
ist Teil vom »unser Denken ändern«.

Als Zahlungsmittel hilft das Geld
unserem Handel in der Welt.
Die Wirtschaft braucht's zum Investieren,
will sie den Anschluss nicht verlieren.

Verdient man aber dann
mehr Geld als selber man
auch wirklich brauchen kann,
dann will man es bewahren
und möglichst sicher sparen
für Eventualitäten,
wenn Notfälle einträten
oder um neue Möglichkeiten
auch unabhängig einzuleiten.

Doch dieses Kapital
soll nicht im Wartesaal
nur eingeschlossen werden.
Es soll verliehen werden
an andre, die es brauchen können,
um in dem harten Weltmarkt-Rennen
mit etwas Bessrem aufzuwarten
und aus der Krise neu zu starten.

Doch wenn's auch schwer uns fällt:
Auf Zinsen fürs verliehne Geld
sollten wir mehr verzichten
und dafür stark gewichten
die absolute Sicherheit,
dass man das Geld auch jederzeit
ganz ungekürzt zurück erhält.

Dazu braucht's eine Ausgleichs-Kasse,
die mit ner kritischeren Masse
von »Zinsen« ausgestattet ist,
die jedermann verpflichtet ist,
für das geliehne Geld zu zahlen
in allen laufenden Quartalen.

Wer so sein Geld verliehen hat,
der ist dann nicht ein Nimmersatt,
der selbst nur Geldvermehrung will.
Es ist dann nur sein Ziel,
dass er sein Geld zurück erhält
und dass mit dem verlieh'nen Geld
die Wirtschaft er am Laufen hält.

So ließe sich bequem
verändern das System
– was dann auch eine Lehre
aus der Finanzmisere
und Bankenkrise wäre,
in der fast alle wir
der Geldvermehrungs-Gier
oft psychisch so verfallen sind,
dass ethisch wir verkommen sind.

Wir müssten es jetzt spüren:
Mit Geld zu spekulieren
kann uns in eine Krise führen,
in der die Würde wir verlieren.

Wir müssten Werte so gewichten,
dass Reiche freiwillig verzichten
und jeder sich auch danach richtet,
dass Eigentum sozial verpflichtet.

Man kann es doch schon lange sehn:
Das Wachstum wird zu Ende gehn.

Je mehr wir ständig produzieren,
wird's unser Klima ruinieren.

Wir brauchen doch das meist nicht,
was die Reklame uns verspricht,
zumal vor 20 Jahren
wir auch zufrieden waren
ohne so manche Produktionen,
die sich im Grund doch nicht lohnen.

Das Ziel der Überproduktion
ist wesentlich der Arbeitslohn.
Wir müssen Arbeitsplätze halten,
weil sie für das Verhalten
der Menschen wichtig sind.

Es weiß doch jedes Kind:
Wer keinen Arbeitsplatz mehr hat,
der wird bald nicht mehr richtig satt.
Er kann sich nichts mehr leisten,
zumal auch noch die meisten
was abzuzahlen haben,
für manche schönen Gaben,
die sie erworben haben.

Und den Konsum einschränken
und sich den Urlaub schenken
und nicht mehr einbezogen sein
ins Angekommen-Sein,
im Mittelstands-Verein,

das ist ein Schreckensbild,
das viele heut erfüllt.

Die Einsicht fällt uns schwer:
Wir bräuchten gar nicht mehr
die Lohnarbeit so sehr
für neue Produktionen.

Man braucht Innovationen,
um Arbeitsplätze zu behalten,
die bei den Jungen und den Alten
den Lebens-Sinn erhalten.

Doch ziehn wir nicht den Schluss daraus,
es ginge uns die Arbeit aus.

Denn andre Arbeit gibt's noch viel,
die man nicht gerne machen will,
weil sie ist informeller Art,
bei der man meist auch Löhne spart.

Die Kranken und die Alten
und manche Rand-Gestalten,
die sich verlassen wähnen
und sich nach einem Menschen sehnen,
die könnten andern Chancen geben
für ein erfülltes Arbeitsleben.

Wir werden immer älter werden
mit ständig wachsenden Beschwerden,
die unsern Alltag sehr behindern.
Die Schwierigkeiten mindern,
das ist ein weites Feld
für unsre Arbeitswelt.

Da lassen Beispiele sich finden,
die neue Arbeitskräfte binden:
Wenn man schon mit dem Anziehn ringt,
weil man's alleine nicht mehr bringt,
dann gilt es Hilfen zu erfinden,
die die Probleme überwinden.

Und Bürgerschafts-Aktionen
die würden sich auch lohnen
für manche »arbeitslose« Kraft,
auch in der Nachbarschaft.

Man könnte auch die Umwelt schützen
und eigne Fähigkeiten nützen,
um dem Gemeindeleben
mehr Menschlichkeit zu geben.

Man müsste dann probieren,
das so zu organisieren,
dass auch die Menschen spüren:
hier ist 'ne Arbeit auszuführen,
für die man sich nicht muss genieren
und wo der Lohn auch sicher ist,
weil es 'ne Dauerarbeit ist.

Zur Finanzierung könnt man Spenden
und Stiftungsgelder auch verwenden.

Könnt man so Arbeitsplätze halten,
ohne am Wachstum festzuhalten
durch noch mehr Produktion vom Alten?

Statt immer mehr vom Gleichen
gilt's Neues zu erreichen.
Nicht Quantitäten gilt's zu steigern
– und dabei Klimaschutz verweigern-,
wir brauchen Innovationen,
die Umwelt besser schonen.

Es gilt, durch neues Denken
die Wirtschaft umzulenken
zu neuer »Marketing«-Beziehung
und konzentrierterer Bemühung,
die nicht nach noch mehr Wachstum rennt,
sondern das Wichtige erkennt
und dann nur noch besteht
auf neuer Qualität.

Wir brauchen doch nicht noch mehr Sachen,
die's Leben komplizierter machen.
Drum sollt man uns verschonen
mit Schnick-Schnack-Produktionen,
die dienen nur zum Protzen
und um was aufzumotzen.

Erleichterung der Grundfunktionen
durch geniale Produktionen,
das wird sich auch in Zukunft lohnen.

In diesem Sinne Qualität,
statt Steigerung der Quantität,
das wird die Spezialität,
bei der's nicht um Profit nur geht,
sondern der Mensch im Zentrum steht.

Der Kommunismus ist gescheitert.
Das hat die Einsichten erweitert,
wie unser Egoismus
verhindert Sozialismus.

Zu arbeiten fürs Kollektiv,
um ein Gemeinschafts-Paradies
sozialer Einheit aufzubauen,
dazu müsst man schon blind vertrauen
den selbsternannten Leitern,
die, wenn Ideen scheitern,
die Menschen zwingen wollen,
zu tun, was sie moralisch sollen
– nämlich sich nahtlos einzufügen
und jedes Selbstsein zu besiegen.

Wenn aber Bonzen uns belügen
und um die Arbeit uns betrügen,
indem korrupt sie sich bereichern
und bei sich Privilegien speichern,
dann muss das Ganze scheitern
an Gierigen und Neidern
– und an der menschlichen Natur.

Die engagiert sich nur,
wenn eine Wirtschaft dazu führt,
dass man auch selbst was profitiert
und nicht sein Eigentum verliert.

Wenn dann der Kapitalismus
und Markt-Radikalismus
im Wettstreit triumphieren
und selbst das Maß verlieren,
weil jeder nimmt nur alles mit,

was seinem eigenen Profit
und seiner Geldvermehrungs-Gier
kann wirksam helfen hier,
dann geht's dem Kapitalismus
wie schon dem Sozialismus:
Sie scheitern beide stur
an unsrer menschlichen Natur.
Die will sich halt mitnichten
mehr aufs Gemeinwohl richten.

Müssen wir resignieren,
weil wir den Kampf verlieren
für eine bessere Moral
bei jeder Wirtschafts-Wahl?

Wir müssen wohl was Drittes finden
und die Extreme überwinden,
in die uns Kommunisten,
wie auch die Kapitalisten,
so offensichtlich führen.

Solln wir uns konzentrieren,
jetzt diesen dritten Weg zu finden,
der das Soziale kann verbinden
mit dem gemäßigteren Streben
nach einem profitablen Leben?

Wir haben ja das Glück,
dass dazu schon ein Stück
als eine Basis ist gegeben,
weil wir zum Teil schon leben
in der sozialen Marktwirtschaft,
die unsern Wohlstand hat geschafft.

Wir müssen sie nur weiter führen,
mehr auf die Menschen konzentrieren,
die produktiv die Arbeit schaffen.

Und die, die nur Profite raffen,
und nicht reelle Werte schaffen,
die müssten ihre Macht verlieren
und nicht die Marktwirtschaft regieren.

Drum fangen wir doch an,
gemeinsam Frau und Mann:
die Wirtschaft neu gewichten,
sie ökologischer verpflichten,
und mehr auf Menschen auszurichten,

die ihre Arbeit treu verrichten
– und nicht auf Spekulanten
und faule Simulanten.

Es ist noch nicht zu spät
für Solidarität,
verbunden mit Bescheidenheit,
die auch zu Opfern ist bereit
für die soziale Sicherheit.

Dazu muss es auch Grenzen geben,
damit wir's nicht noch mal erleben,
dass Spekulanten sich verheben
und nur noch nach Prozenten streben
und für die Geld-Vermehrung leben.

Doch in dem Ordnungsrahmen,
den wir im Anstands-Namen
den Skrupellosen setzen müssen,
da sollten wir doch immer wissen,
dass wir die Freiheit wahren müssen
für das persönliche Gewissen.

Denn auch das günstigste System
macht es uns nicht bequem,
den Egoismus selbst zu zähmen
und »Realisten« zu beschämen.

Es geht halt einfach nicht
ohne Gewissenspflicht.

Das heißt aber: Wir müssen
mehr schärfen das Gewissen.

Ist Glücklich-Sein das Ziel ?

Ist glücklich sein das Ziel,
das man erreichen will?
Solln wir verändern unser Leben
fürs dauerhafte Glückserleben?

Doch was macht dieses Glück denn aus?
Ist es die Partnerschaft zu Haus?
Muss es die große Liebe sein?
Oder soll besser man allein
in seiner Welt zufrieden sein?

Sind's die Erfüllungen
von Hoffnungen?
Woll'n um des Glückes willen
wir eine Sehnsucht stillen?
Muss 'ne Erwartung sich erfüllen?

Hängt nicht mein Glück stark davon ab,
was ich für eine Arbeit hab?
Und ist es nicht entscheidend dann,
was ich dabei verdienen kann?

Dreht sich's beim »Glück« in dieser Welt
nicht meistens doch nur um das Geld?

Oder ist's höchstes Glück auf Erden,
von andern anerkannt zu werden?

Bringt's Glück, wenn beim Zusammenleben
man kann Gemeinsamkeit erleben?

Doch wenn wir uns vergleichen
mit Mächtigen und Reichen,
dann wird der Neid nicht weichen,
fürs Glück wird es nicht reichen.

Und alles bringt vom Glück
wohl immer nur ein Stück.
Es bleibt noch was zurück
von unerfülltem Sehnen
auf Ebenen, auf denen
es auch ums Glück der andern geht
und nicht nur um uns selber dreht.

Es gibt ja ziemlich viele
verschiedne Glücksgefühle.

Trifft eine schöne Hoffnung ein,
dann stellt so was wie Glück sich ein.

Um in das Glück zu starten,
muss man etwas erwarten,
was schön und lockend ist
und doch erreichbar ist.

Von andern Anerkennung finden
und dabei Stolz auf sich empfinden,
das steigert unser Selbstgefühl
zu einem starken Glücksgefühl.

Doch Ansehen ist wendig,
und längst nicht so beständig
wie innere Zufriedenheit
mit einer eignen Tätigkeit,
die man als sinnvoll kann erfahren
auch noch nach vielen Jahren.

Kommt Glück nicht von Erfahrungen,
dass es ist uns partiell gelungen,
uns selbst als wichtig zu erweisen
und das durch Taten zu beweisen?

Dann kommt es von Bestätigungen
und sinnvollen Betätigungen?

Ein Glück ist's auch, was zu gewinnen
oder Gefahren zu entrinnen.

Das eine ist ein Zufallsglück,
das andre Überlebensglück.

Wenn etwas besser wird
und zu dem Zustand führt,
in dem man Wohlsein spürt,
– wie plötzlich reich zu werden,
nach Krankheiten gesund zu werden-,
dann geht man in ein Zukunftsglück
und schaut nicht gerne mehr zurück.

Ist von etwas begeistert sein
nicht auch ein Tor zum Glücklich-Sein?

Doch einem Irrtum zu entrinnen,
Vernunft-Erkenntnis zu gewinnen
über ein Menschheits-Ziel,
bringt auch ein Glücksgefühl.

Gelassen und entspannt zu sein,
ist das der Weg zum Glücklich-Sein?

Dass Rationalisierung
und Ökonomisierung
so manches effizienter macht,
das hat nicht sehr viel Glück gebracht,
weil es das Leben kälter macht.

Dagegen einen Freund zu finden
und ihm als Partner sich verbinden,
auf den man sich in jedem Fall,
auch in Gefahren überall,

ganz unbedingt verlassen kann,
das regt viel eher dann
soziale Glücksgefühle an.

So gibt es viele Möglichkeiten,
die uns das Schicksal kann bereiten.
Doch welchen Weg das Glück dann geht,
für uns meist in den Sternen steht.

Kann man das Glück denn planen?
Man kann's vielleicht mal ahnen,
doch meist ist's unverhofft passiert,
weil's unserm Willen nicht pariert.

Wenn ich es recht bedenk:
Ist Glück nicht ein Geschenk,
das ich gar nicht erzwingen kann,
streng ich mich dafür noch so an?

Man kann nur dafür offen sein,
dann kehrt es mal ganz plötzlich ein.

Das populärste Glück
ist wohl das Liebesglück.

Gibt es was Schöneres auf Erden,
als lieben und geliebt zu werden?

Doch wieweit ist das Liebesglück
dann auch ein selbst gemachtes Glück?

Schafft man sich nicht ein Hochgefühl
bei jedem neuen Liebesspiel?
Doch wie lang bleibt's ein Hochgefühl?

Und wieweit ist's dabei das Ziel,
dass man den andern glücklich macht
– nicht nur in einer Liebesnacht?

Wird man von Leidenschaft getrieben,
ist vom Verstand nicht viel geblieben:

Den Mann, den treibt es wie von Sinnen,
die Huld der einen zu gewinnen,
die er romantisch hat verklärt
und zu erobern heiß begehrt.

Die Frau sehnt sich, verehrt zu werden
und von dem Prinz begehrt zu werden,
der ihr Geborgenheit kann geben
und wird zum Partner für das Leben.

Und beide sind so aufgeregt
und so erwartungsvoll bewegt,
dass sie fast ineinander sinken
und in der Leidenschaft ertrinken.

Das kann ihnen den Auftrieb geben,
dass sie viel intensiver leben.

Doch diese Liebe hält oft nicht,
was sie am Anfang noch verspricht.

Die Aufregung ist wunderschön,
weil Liebende sich schöner sehn,
wenn sie sich heiß begehren
und vom Orgasmus zehren.

Doch wenn die Liebe dann entweicht
und für den Alltag nicht mehr reicht,
dann kommt es darauf an,
wie man sich noch ertragen kann.

Das Sich-Verlieben ist nicht schwer,
das Sich-Vertragen aber sehr.
Und zu dem »Glück« liegt es oft quer.

»Macht Liebe und nicht Politik!«
Diese Parole ist ganz schick,
doch sind das nicht verschiedne Sphären?

Als ob das Gegensätze wären!
Man kann verliebt den Kopf verlieren
und sich politisch engagieren.

Wenn man in Liebe sich verbindet
und einen guten Partner findet,
kann das persönlich glücklich machen.

Doch kann's Begeisterung entfachen
und aus privatem Glück uns führen
zum sich persönlich Engagieren,
ein bessres Leben zu probieren?

Ist nicht ein Liebesverhältnis
auch häufig ein Besitzverhältnis?

»Mein Mann« und »meine Frau«,
das klingt doch oft genau
wie wenn man von Besitzgut spricht
und von geliebten Menschen nicht.

Damit 's auch jeder sehen kann,
fügt Frau des Partners Namen an.
Der Doppelname zeigt es dann:
Man hat ergattert einen Mann.

Hat's durch die Pille sich gewandelt,
weil eine Frau jetzt freier handelt?
Ist sie jetzt mehr zum Sex bereit,
weil sie von Folgen ist befreit?

Sie weiß, dass nichts passieren kann,
wenn sie mal schläft mit einem Mann,
weil sie auch unabhängig von dem Mann
sich jetzt auch selber schützen kann.

Das scheint 'ne Revolution,
fast wie 'ne Mutation:
Der Mensch hat hier nicht nur
glatt überlistet die Natur.
Schuf das nicht auch 'ne neue
Einstellung zu der Treue,
die Mann und Frau verbunden hatte,
wenn man was miteinander hatte?

Was jetzt die beiden noch verbindet,
ist nicht verantwortungs-begründet
im Hinblick auf das Kinderkriegen.
Wenn sie sich trotzdem nicht »betrügen«,
und sich in eine Bindung fügen,
beruht das mehr auf Eifersucht,
die als Besitz zu halten sucht,
was man einmal erobert hat
und dem man sich ergeben hat.

Man will den Partner doch nicht teilen
und sich mit andern um ihn keilen.

Es kränkt zu sehr das Selbstgefühl,
wenn er zu einer andern will.
Und sucht sie einen andern Mann,
der sie noch mehr beglücken kann,
dann führt das zum Komplex
und zwar nicht nur beim Sex.

Der Glaube an Ausschließlichkeit
gehört auch heut zum Glück zu zweit:

»Von allen Frauen in der Welt
hat er mich auserwählt!«
»Und von der ganzen Männerwelt
bin's grade ich, der ihr gefällt!«

Da bleibt auch jetzt die Eifersucht,
wenn jemand andre Partner sucht.

Ist es nicht unsre Eitelkeit
und alberner Gefallsuchts-Streit,
was hinterm Treue-Anspruch steckt
und häufig so viel Unglück weckt?

So hat die Pille zwar gebracht
dem Sex mehr Freiheit und mehr Macht,
doch hat sie glücklicher gemacht?

Das Glück, das Liebe uns bereitet,
scheint stets von Eifersucht begleitet.

Auch unabhängig von der Pille
bringt doch der »Beischlaf« eine Fülle
von menschlichen Bezügen,
und Sorgen ums »Betrügen«.

Das sexuelle Sich-Vereinen
wird in der Regel doch mehr meinen
als sich beim Flirt zu messen
bei einem Abendessen.

Es ist ein ganz besondrer Akt,
bei dem man unverstellt und nackt
wird in der Existenz gepackt.

Es bringt 'ne tiefere Verbindung
und Fremdheits-Überwindung
als anderes Beisammensein
auch bei dem allerbesten Wein.

Ob arm sie sind, ob reich,
im Bett ist das ganz gleich.

Da kommt es nur drauf an:
Was ist das für ein Mann?
Und auch die Fürstin spürt genau:
Da ist sie auch nur eine Frau.

Im Bett sind Excellenzen
nur nackte Existenzen.

Und doch gibt es Verschiedenheiten,
die uns auch noch ins Bett begleiten:
Da kommen Charaktere
sich oft auch in die Quere:

Ist gut er oder schlecht?
Ist ihr Getue echt?
Hat er ein Mitgefühl?
Ist's für ihn nur ein Spiel?
Will sie den Partner auch erkennen
und menschlich anerkennen?

Ist er ein geiler Bock,
der guckt nach jedem Rock?
Ist sie ein freches Huhn,
das hat sonst nichts zu tun
als Blicke zu erhaschen
und Männer zu vernaschen?

Das ist doch schön an dieser »Liebe«,
da kommt es auf den Menschen an,
weil alles draußen bliebe,
was man im Bett nicht zeigen kann.

Man kann im Bett beizeiten,
schon ahnen schlimme Pleiten
und dann auch manches Leiden
rechtzeitig noch vermeiden.

Doch sehen wir die Menschheit an,
dann käm's auf eine Liebe an,
die Zwietracht überwindet
und Solidarität empfindet
auch mit den vielen Andern,
die ganz woanders wandern.

Führt die sexuelle Liebe
zu dieser Menschenliebe?
Steht nicht auf allen Wegen
die Eifersucht dagegen?

Will man nur selber glücklich sein
und fällt uns dabei gar nicht ein,
was man für andre tuen könnte
und welches Glück man andern gönnte,
dann ist das Glück nur Egoismus.

Braucht Liebe nicht mehr Altruismus?

Vielleicht müsst man zum Leben-Ändern
dann auch die Art der Liebe ändern?

Vielleicht auch kommt es dann
nicht mehr so sehr drauf an,
dass als Besitzer man
sich glücklich fühlen kann?

Wir spüren alle einen Trieb,
der lebenslang erhalten blieb:

Man will persönlich sich entfalten,
seine Talente ausgestalten
und kompetenter werden
fürs Leben hier auf Erden.

Dabei will man beachtet werden
und man erwartet schon
als eigene Person
besonders anerkannt zu werden.

Die Frau will immer etwas sagen,
dem Mann gefällt das nicht.
Er muss es halt ertragen
als seine Partnerpflicht.

Er träumt von großen Taten,
viel reden will er nicht.
Er lässt sich selten raten
und öffnet sich auch nicht.

Geht es bei dem Entfaltungstrieb
und diesem Anerkennungstrieb
jeweils ums Glücklich-Sein
über das »Was-Besondres-Sein«?

Doch stimmt das damit überein,
ethisch ein bessrer Mensch zu sein?

**So mancher träumt, auf Erden
ein großer Star zu werden.**

Das Leben wird zur Casting-Schau,
man spiegelt sich als eitler Pfau
oder als rausgeputzte Frau
in bunten Medienberichten
und geilen Klatschgeschichten.

Man ist dem Alltag weit entrückt
und fühlt sich innerlich beglückt,
weil alle Welt scheint doch bereit,
die eigne Einzigartigkeit
ganz ehrlich zu empfinden
und einfach »Klasse« uns zu finden.

Ist's die Gefallsucht, die versteckt
auch hinter dieser Sehnsucht steckt,
dass man als Star wird groß entdeckt?

Wird da nicht doch ein Sinn vermisst,
der nicht so oberflächlich ist?

Ist nicht das Glück sehr häufig nur
Befriedigung unsrer Natur?

Sind wir im Grund nicht nur
selbst Teile der Natur?

Die kann die Kraft uns geben
zum Leben und zum Leben-Geben.

Sie treibt uns Nahrung zu besorgen
für heute und für übermorgen
und uns vor äußeren Gefahren
so weit wie möglich zu bewahren.

Sie hilft uns durch Orgasmus-Lust
zu überwinden manchen Frust
und uns auch zu bemühen,
viel Nachwuchs aufzuziehen.

So weit sind wir Natur.
und wo bleibt die Kultur?

Verbessern wir uns nur
gegen die eigene Natur?

Wir haben recht und schlecht
den Trieb zum anderen Geschlecht
durch eine Liebe kultiviert,
die zu mehr Menschenwürde führt.

Doch ist die Schwärmerei
und Liebes-Tändelei
nicht nur ein schlauer Trick,

wie die Natur mit viel Geschick
ein Paar so innerlich verbindet,
dass es eine Familie gründet?

Auch sex-bezogne Liebe
basiert auf einem Triebe,
den besten Partner rauszufinden,
damit sich Gene so verbinden,
dass guten Nachwuchs sie begründen.

Und doch sind wir nicht Sklaven nur
der Tricks und Kräfte der Natur.

Wir schaffen auch bequeme
Versorgungs-Sicherungs-Systeme
und suchen Staaten zu errichten
mit Rechten und mit Bürgerpflichten,
um Frieden hier zu wahren
und Wohlstand zu erfahren.

Wir können die Natur durchschauen
und darauf menschlich weiter bauen,
indem mit Achtung und Vertrauen
wir mehr auf die Personen schauen
und auf die Menschenwürde
und die Gewissens-Hürde.

Vielleicht wird man ganz glücklich nur
im Rahmen der Human-Kultur?

Dann geht's um Kultivierung
und mehr Humanisierung
bei unsrer Renovierung?

Von der Natur ist uns gegeben
nicht nur der Trieb zum Überleben,
Wir werden auch nicht nur getrieben,
das andere Geschlecht zu lieben.

Es treibt uns auch die Gier nach Geld
und nach Besitz in dieser Welt
und möglichst auch nach Kraft und Macht,
die uns oft zu Tyrannen macht.

Wie weit kann auf Vernunft man bauen,
die das kann kritisch auch durchschauen?

Die Machtgier lässt sich kultivieren
durch demokratisieren.
Doch ziemlich hilflos stehen wir
vor der Besitz- und Reichtums-Gier,
weil sie zugleich ja garantiert,
dass unsre Wirtschaft funktioniert.

Diese Gewinn- und Vorteilssucht,
die stets das eigne Glück nur sucht,
scheint zwar moralisch dekadent,
doch ökonomisch effizient.

Was wir als Ichsucht oft verfluchen,
muss man das nicht zu nutzen suchen,
um Wohlstand weiter zu verbreiten
und Not und Elend zu vermeiden?

Bleibt uns hier nur der Kompromiss,
statt einem völligen Verriss
die Gier streng einzugrenzen

auf die Gemeinwohls-Grenzen,
damit sie Teil wird jener Kraft,
die Böses will und Gutes schafft?

Wird Menschsein dann bewusst zum Ringen,
wie unser Leben kann gelingen
als ganz vernünftig und »normal«
zwischen dem »Glück« und der Moral?

Wir können's drehen wie wir wollen:
Wenn wir uns ethisch bessern sollen,
dann bringt das Glück als Ziel
für unsre Änderung nicht viel.

Statt wirklich selbstloser zu werden
und der Begierden Herr zu werden,
will man nur eignes Glück erringen.

Doch müsste es uns nicht gelingen,
Eintracht und Frieden zu verbreiten
und Neid und Eifersucht zu meiden?

Das Glück scheint ein zerbrechlich Gut,
da fühlt man sich zwar selbst mal gut,
doch stärkt es meist nicht unsern Mut,
dass man was für die andern tut.

Und kann ein Mensch ganz glücklich sein,
wenn sein Gewissen ist nicht rein?

Doch welche Art von Glücklich-Sein
soll Ziel unsrer Veränd'rung sein?

Das Glücklich-Sein an sich ist's nicht,
was unsern Egoismus bricht.
Vielleicht kann's unser Glückshorn füllen,
wenn unsern Auftrag wir erfüllen?

Wie kann die Bildung dabei helfen?

Was macht die »Bildung« aus?

Man wählt gezielter aus,
weil kritischer man misst,
was wirklich wichtig ist.

Die wachsenden Millionen
von Medien-Informationen
ersticken leicht das eigne Denken,
weil sie vom Wichtigen ablenken.

Doch was kann uns den Maßstab geben,
was wichtig ist in unserm Leben?

Vor allem wird wohl wichtig sein,
was uns kann eine Hilfe sein
für ein gelingenderes Leben
und ein moralischeres Streben
nach einer freundlicheren Welt,
in der statt Gier nach Macht und Geld
die Menschenwürde doch mehr zählt.

Und wenn wir es schon kommen sehen,
wie uns das Atmen wird vergehen,
wenn in den Schwellenländern
Millionen jetzt ihr Leben ändern,
ums Industrialisieren,
von uns zu imitieren,
dann wird Ökologie
so wichtig wie noch nie.

Ist es nicht jetzt die höchste Zeit,
dass dieses Maß der Wichtigkeit
das Lehren auch bestimmt
und ihm so manchen Ballast nimmt,
der oft den Unterricht bestimmt?

Und auch die hohe Politik,
die sollte richten ihren Blick
auf dieses Maß der Wichtigkeit,
das uns von dem Interessen-Streit
um manche blöde Kleinigkeit
und von Parteien-Eitelkeit
in dieser Welt ein Stück befreit.

Beim Zweifel, was denn wichtig ist,
gilt dann, was unser Auftrag ist:
Die Friedlichkeit zu wahren,
die Umwelt zu bewahren
und dann auch jedem Menschenleben
die faire Möglichkeit zu geben,
auch menschenwürdig hier zu leben.

Was ist seit eh und je
bleibende Grundidee
der Schule und des Unterrichts?

Und warum nützt es nichts,
sie äußerlich zu reformieren,
ohne die Grundidee zu spüren
und sie zu reformieren?

Die alten Generationen,
die schufen Zivilisationen
und auch Kultur-Errungenschaften,
für die sie unermüdlich schafften.

Das alles soll nicht untergehen.
Es soll den Wechsel überstehen.
Die Jugend soll es gut erhalten
und es auch weiter ausgestalten.

Drum braucht es motivierte Hüter,
die die Kultur- und Technik-Güter
möglichst lebendig weitergeben,
damit die Jungen danach streben,
sie als Vermächtnis aufzugreifen
und daran selber auch zu reifen.

Es geht um die Kultur-Erhaltung
und die Persönlichkeits-Entfaltung
im Umgang mit dem Geist,
der die Kulturen speist.

Will man die Schule reformieren,
dann muss man sich mehr konzentrieren
auf das belebende Eindringen

in Fragen, die uns weiter bringen
beim Um-Verständnis-Ringen
und neue Perspektiven bringen,
um unsre Krisen zu bezwingen.

Das heißt: Statt totes Wissen nachzukauen,
um gute »Abschlüsse« zu bauen,
geht es ums Interesse-Wecken,
um Wirkungskräfte zu entdecken,
wie sie in den Problemen stecken,
die uns dann motivieren,
auch das zu recherchieren,
was wir beim Pauken leicht verlieren,
– und eigne Kräfte auszubilden
in wichtigen Problem-Gefilden.

Das Pauken ist jetzt obsolet,
weil's doch im Internet meist steht.
Entscheidend, dass man kritisch misst,
was heute wirklich wichtig ist.

Doch das heißt: Lehrplan-Revision
und das versuchten viele schon.
Doch niemand konnt es richtig packen,
den Lehrplan sinnvoll zu entschlacken.

Das ist das offne Grundproblem.
Und weil das ist so unbequem,
schleicht man um diesen heißen Brei
und reformiert so allerlei,
was nicht so wichtig ist,
doch besser messbar ist.

So bleibts bei Quantitäts-Reformen,
weil über die Bedeutungs-Normen
'ne Einigung nicht möglich ist
– und weil's auch zu gefährlich ist
für die Gelehrsamkeit
aus der Vergangenheit.

Wie müsste Bildungsarbeit wirken,
um bei der Wandlung mitzuwirken?
Wie kann sie Menschen vorbereiten
auf ethisch profilierte Zeiten?

Statt uns mit Wissen voll zu stopfen
müsste sie ans Gewissen klopfen
und hinführen zu Situationen,
die wecken unsre Emotionen
und zwingen zu Entscheidungen,
in denen Selbstsucht wird bezwungen.

Dazu wär die Vernunft zu stärken
durch die Betätigung bei Werken,
die auf das Ganze Rücksicht nehmen,
und durch Erörterung von Themen,
die sich befassen mit Problemen,
die die Gesellschaft heute lähmen.

Statt noch mehr Fachwissen zu speichern
gilt's Kompetenzen anzureichern.

Mehr Kreativität entfalten
bei Jungen, aber auch bei Alten
in Bürger-Initiativen,
die solidarischer verliefen
in praktischer Projektarbeit
mit reflektiver Nachdenk-Zeit.

Die Schule hat, wie von Natur,
'ne rationelle Grundstruktur:

Man bildet Schülerklassen,
die sich belehren lassen
vom Lehrer, der vor ihnen steht
und der jeweils sein Fach versteht.

Was als Idee dahinter steht?
Dass es ums gleiche Wissen geht,
das der Gesellschaft wichtig ist
und allen beizubringen ist.

Die Schüler deshalb müssen
dies allgemeine Wissen
verständig rezipieren
und fleißig repetieren.

Wenn sie es nicht kapieren,
wird man sie aussortieren
für unwichtige Posten,
die möglichst wenig kosten.

Doch eine neue Lernkultur
stößt sich an dieser Grundstruktur:

Der Angelpunkt ist nicht mehr Wissen,
das alle lernen müssen.
Was wir entwickeln müssen,
sind jetzt die Kompetenzen
in personalen Grenzen.

Weil die Begabungen beim Kind
spezifisch und verschieden sind,
solln sie gezielt gefördert werden,
und das geht kaum in Klassenherden.

Mehr individuelles Lernen
heißt aber auch, mehr selbst zu lernen
nach den verschiedenen Interessen
in jeweils eigenem Ermessen.

Doch Individualisieren
soll nicht zum Isolieren
der Einzellerner führen.

Weil die Gemeinsamkeit,
bei der man hilfsbereit
sich wechselseitig unterstützt,
auch diesem Lernen nützt,
müssen Gemeinschaftsformen
und mehr soziale Normen
jetzt neu erfahren werden
nach solidarischeren Werten.

Das sprengt das Front-Belehrungs-Schema
und zwingt zu Zugängen zum Thema,
die alle Schüler aktivieren,
auch selbst zu recherchieren
und zu kooperieren.

Und den Be-»lehrer« gibt's nicht mehr.
Was wir jetzt brauchen sind vielmehr
die pädagogischen Begleiter
und Bildungs-Wegbereiter,
die Anlagen erspüren

und zur Entwicklung führen
und Orientierungshilfen geben
fürs geistige Erleben
und eigene Erkenntnisstreben
im spannenderen Schülerleben.

Das Grund- und Kern-Problem

ist doch das Schulsystem
mit überfrachteten Stoff-Plänen,
von denen Schul-Gelehrte wähnen,
man könne sie abladen
auf Schüler ohne Schaden
für deren kreatives Streben
nach eignem Forschen und Erleben.

In dem System könnt man als Lehrer
nur pädagogisch gut bestehn,
wenn man revolutionärer
den Lehrplan würde übersehn.

Man müsste »Stoffe« so gewichten,
dass sie sich nach dem Schüler richten
und seine Neugier nicht vernichten,
indem er Antworten erhält
auf Fragen, die er niemals stellt.

Doch diesen Mut zur Lücke
bricht das System mit Tücke,
weil die zentrale Prüfung dann
kommt wieder mit dem Stoff-Wust an,
der kaum Interesse finden kann.

So ist es immer neu passiert,
dass das System zum Pauken führt
und auch den Lehrer so verführt,
dass er nicht mehr den Eros spürt,
der zu der Menschenbildung führt.

Wenn man den Zustand ändern will,
dann hilft auch nicht der alte Drill
mit Prüfungen und Noten
und Strafen und Verboten.

Man muss an andern Schrauben drehen,
will man Verbesserungen sehen:
Der Lehrplan, der muss knapper werden
und Lehrer Pädagogen werden,
die mehr die Schüler motivieren,
damit sie selber recherchieren,
wie sie sich härter betten
und ihre Umwelt retten
und wie die Arbeitsplätze dann
man menschenfreundlich sichern kann.

Bei allem Motivieren
zum selber recherchieren
darf man sich nicht verlieren
in die Gelehrsamkeits-Allüren
beim Fachgebiets-Studieren.

Die Fragen: Wo führt's hin
und was ist hier der Sinn
des Lernens und des Suchens
und des Erfolge-Buchens,
müssen dann stets lebendig bleiben
und dieses Lernen vorwärts treiben.

Und ist das Wissen noch so bunt,
es lebt von einem Hintergrund
des Ringens um den Sinn,
warum ein Mensch ich bin
und was mein Auftrag ist,
nach dem mich mein Gewissen misst.

Ein Grundproblem des Lernens
ist das des Sich-Entfernens
von Sinn- und Werte-Fragen,
die unser Leben tragen
und die wir neu beleben müssen,
auf Grund von kritischerem Wissen.

Das wirtschaftliche Denken
will auch die Bildung lenken.

Da muss dann das »Humankapital«,
wie das beim Geld scheint heut normal,
für unsre Wirtschaft Zinsen bringen.
Und dazu muss man Schulen zwingen,
messbar Ergebnisse zu bringen.
und Ranking-Plätze zu erringen.

Das Zauberwort der »Effizienz«
bedroht dann leicht die Existenz
einer humanen Bildungswelt,
die nichts von Wettbewerben hält,
bei denen nur das Pauken zählt.

Es geht ums Interessen wecken
und ums Begabungen entdecken,
um Schüler geistig aufzuwecken.

Dann geht es ums Verstehen,
wie andre Menschen etwas sehen
und wie's dazu gekommen ist,
dass man so oft den Sinn vergisst.

Man muss Zusammenhänge finden
und neue Lösungen erfinden
für technische Systeme
und Produktionsprobleme.

Und dazu muss der Neugier-Trend,
der noch in unsern Kindern brennt,
auch in der Schulzeit sich erhalten
und sich zur Lernfreude entfalten,

die was genauer wissen will,
statt nur zu pauken brav und still.

Statt »Lehrstoffe« dozieren,
die wenig interessieren,
gilt es zu motivieren
zum suchenden Studieren
von Fragen und Zusammenhängen,
die uns zu einer Klärung drängen.

Dazu muss man das Pauken lassen
von angestauten Wissensmassen.

Was Schüler lernen müssen,
ist wie und wo das Wissen,
das zum Verstehen man
jeweils gebrauchen kann,
gespeichert zur Verfügung steht
und dass man seinen Sinn versteht
und weiß, worum es jeweils geht.

Wir brauchen aufgeweckte Köpfe
und kreativere Geschöpfe
und dazu muss die Schule beben
vor Neugier und Erkenntnisstreben.

Wenn man gegen Reformen mauert
und neuen Leistungsstress bedauert,
der nur aufs Pauken sich bezieht
und kaum was anderes noch sieht,
dann heißt das nicht zu fliehen
und sich zurück zu ziehen
von der modernen Welt,
auch wenn die Wirtschaft und das Geld
heute die Weichen stellen.

Lasst uns der Wirklichkeit uns stellen,
wo sich akute Fragen stellen.
Studiert das Leben in der Stadt
und was sie für Probleme hat
in Wirtschaft und Verkehr
und mit den Banken noch viel mehr.

Lasst uns doch mal erfragen,
was denn die Leute sagen
zu ihren Lebensfragen,
wie sie ihr Dasein sehen,
wie sie die Welt verstehen
und wohin ihre Wünsche gehen.

Dann kann es richtig spannend werden,
zu sehn, wie andere auf Erden
mit den Problemen fertig werden
und wie in andern Breiten
sie ihren Unterhalt bestreiten
und ihre Zukunft vorbereiten.

Wo immer wir auch starten,
wir werden stets erwarten,
dass man uns estimiert
– und manchmal auch hofiert.

Und wenn das nicht passiert,
man Nicht-Beachtung spürt,
die leicht auch zur Verachtung führt,
dann regt sich ein Gefühl,
dass man sich wehren will
und auch gekränkt auf Rache sinnt,
– womit die Feindschaft schon beginnt.

Um zu vermeiden solchen Streit,
sind viel mehr Höflichkeit
und warme Freundlichkeit
im Umgang oberstes Gebot,
damit nicht eine Stimmung droht,
die führt zu Hass und Streit und Not.

Die Freundlichkeit im Umgangsstil
ist darum auch ein Bildungsziel.

Sie darf nicht aufgesetzt nur sein,
dann bricht sie zu leicht wieder ein.
Sie sollte tief verankert sein
in Achtung vor der Menschenseele,
die noch in jeglicher Querele
um Orientierung ringt,
wie sie es fertig bringt,
dass friedlich wir zusammen leben
und jedem eine Chance geben,
– auch um der Menschenwürde willen-
den Menschheits-Auftrag zu erfüllen.

Was soll ein Schüler machen,
wenn er den Lehrer verachtet,
und der ihn fertig zu machen
und sich zu rächen trachtet?

Den Schüler mit »mündlichen Noten«
zur »Mitarbeit« zu zwingen
und mit Verhaltensgeboten
ihn zum Kotau zu bringen,
das ist ein Missbrauch jener Macht,
die Lehrer zu Tyrannen macht.

Die Lehrer haben's heute schwer.
Sie müssen Disziplin verlangen,
doch sie verlangen häufig mehr:
Sie wollen Zustimmung erlangen
zu eigenen Dozenten-Rollen.

Weil sie mehr Anerkennung wollen,
benoten sie die »Mitarbeit«.

Wer in der Schule nicht bereit,
im Unterricht brav mitzutun,
der kommt in dem System nicht weit,
weil häufig halt das Strebertum
gekoppelt mit Duckmäusertum
durch Noten-Willkür wird prämiert
und zu 'nem guten Zeugnis führt.

Und doch wärs übertrieben,
die Schuld auf Lehrer nur zu schieben.

Es ist ja nicht sehr angenehm,
zu funktionieren im System
von überfüllten Klassen
und überzognen Lehrstoffmassen,
die man abstrakt vermitteln soll
nach einem strikten Lehrplan-Soll.

Wer kann das schon so aufbereiten,
dass Schüler gerne »mitarbeiten«?

Die armen Lehrer müssen
zu viel erstarrtes Wissen
wieder zum Leben bringen,
um jenen Geist heraus zu zwingen,
der steckt in allen großen Dingen.

Wo das nicht kann gelingen,
da muss man's überspringen,
denn es kann doch nichts bringen
als das, was sattsam ist bekannt
als Pauken ohne Sinn-Verstand.

Studenten protestieren,
weil sie bei dem Studieren
die Muße ganz verlieren,
sich drauf zu konzentrieren,
was sie tät interessieren.

Sie wollen diskutieren
und kritisch eruieren,
und nicht den Sinn verlieren,
wenn sie nur repetieren,
was ihre Lehrer so dozieren,
ohne durch Meditieren
auf Sinn und Zweck zu reflektieren,
die man doch müsste spüren
und stärker respektieren.

Die neue Studiengliederung,
die nimmt dem Studium oft den Schwung,
weil sie das Lernen schulisch strafft
und dadurch Frustrationen schafft.

Es ist ganz ähnlich beim »G 8«,
das vielen Schülern Kummer macht,
weil man allein die Zeit verkürzt
und nicht die Lehrplanherrschaft stürzt.

Die Umstellungs-Misere
liegt meistens an der Lehre,
die man nicht konzentriert,
auf das, was interessiert
und in die Zukunft führt.

Dozenten sind so fach-verliebt,
dass keiner ernsthaft einmal siebt,
was für die Zukunft wichtig ist,
egal was vorgeschrieben ist.

Für die Studenten wirds als Lehrer
dadurch dann immer schwerer,
die Berge der Gelehrsamkeit
bei der Vermittlungstätigkeit
als Steinbruch nur zu nutzen
und für die Schüler sie zu stutzen.

Denk ich an meine Studienzeit,
beschäftigt es mich noch bis heut,
welche Probleme uns bewegten
und wie wir geistig uns erregten.

Wir klopften die Geschichte ab,
tauchten in eine Welt hinab
von vielen Literaturen
und philosophischen Strukturen,
um Antworten zu finden
in dem was sie verkünden
zu all den Lebensfragen,
die junge Menschen plagen
in schweren Umbruchs-Tagen.

Der Krieg war grad zu Ende,
wir suchten eine Wende
im Denken und im Handeln,
um diese Welt zu wandeln.

Was ist der Sinn des Lebens,
wenn alles scheint vergebens,
was unsre Vorfahren gedacht
und was wir selber draus gemacht?

Mit welchen Kategorien
kann man Ideologien
je rational erfassen?

Wie stehen Inhalte zu Formen
und unbewussten Normen
bei geistigen Bestrebungen
und den Sozial-Bewegungen?

Kann man sich drauf verlassen,
dass stets uns das Gewissen
sagt, wie wir handeln müssen?

Wieweit braucht man Parteien,
will man das Volk befreien
zu einer Demokratie?

Und wer weiß heute, wie
die föderale Gliederung
führt zur Zersplitterung,
zu regionalen Egoismen
und religiösen Schismen?

Kann man's vernünftig nennen,
die Lernenden zu trennen
nach Konfessionen und Geschlecht?

Und braucht man nicht ein Menschenrecht,
das auch für jeden Geltung hat,
egal was für 'nen Pass er hat?

Ist unser Kapitalismus
ein Kind des Egoismus
und funktioniert ein Sozialismus
auch ohne Despotismus?

Soll man ans Gute im Menschen glauben?
Konnten die Nazis diesen Glauben
für lange Zeit uns wieder rauben?

Warum gibt's immerfort
in der Geschichte Völkermord?

Wie kann man das beenden
und die Geschichte wenden
zu friedlichem Zusammen-Sein
trotz unserem Verschieden-Sein?

Wie kann man Idealismus retten
und ihn befreien aus den Ketten
verbohrter Ideologen,
die ihn so oft betrogen?

Darf man sich noch ein Deutscher nennen
und sich zu der Nation bekennen,
die so viel Böses hat gemacht
und so viel Unglück hat gebracht?

Wie kann die Religion
unsrer geschlagenen Nation
die neuen Perspektiven geben
für ein gelingenderes Leben?

Wir sind neugieriger gewesen,
und haben suchender gelesen.

Und dieses forschende Studieren
sollten wir heute nicht verlieren
in einem Regel-Lernbetrieb,
in dem es auf der Strecke blieb
bei vorgeschriebner Effizienz
und bürokratischer Stringenz.

Wie hilft die Religion?

Die Einstellung zum Leben
scheint uns schon vorgegeben:
Es geht zuerst ums Überleben.

Man muss erst mal den Hunger dämpfen
und dazu einen Platz erkämpfen,
von dem im Lebenskampfe man
sich als Person behaupten kann.

Und dabei braucht man Ellenbogen
und der Charakter wird verbogen.
Man muss sich nach der Decke strecken
und auch mal fremden Speichel lecken
und skrupellos den Vorteil suchen
und möglichst viel Profite buchen,
um sich am Markte zu behaupten,
egal was Normen uns erlaubten
und gleich wie viele Konkurrenten
dadurch vielleicht im Elend enden.

Wenn Umwelt so beschaffen ist,
dass nur als krasser Egoist
man hier erfolgreich ist,
dann werden Ethik und Moral
für viele Menschen anormal.

Dann können auch Moral-Appelle
aus edlerer Gesinnungsquelle
die Menschen nicht viel besser machen.
Die werden dann nur skeptisch lachen.

Was auch die Pädagogik tut:
der Mensch ist nun einmal nicht gut.
Und das Belehren hilft nicht viel,
wenn er sich doch nicht bessern will.

Dazu brauchts höhere Gewalt
mit meta-physischem Gehalt
und religiöse Glaubenskraft,
die eine Perspektive schafft,
die mehr das »Seelenheil« gewichtet
und auf manch anderes verzichtet.

Im Alltag gefangen,
der Himmel verhangen.
Das Leben Routine,
die ständige Mühle
von Arbeit und Sorgen
für heute und morgen.

Um diesen Mühen
mal zu entfliehen,
sehnt man den Tag herbei,
an dem man urlaubsfrei
kann in die Ferne ziehen
und allem Frust entfliehen.

Da kann man dann sein Leben ändern
in möglichst weit entfernten Ländern.
Man ist nicht eingespannt
und kann so allerhand
erregendere Dinge machen.
Man lässt 's dann gerne auch mal krachen
und kann ganz ausgelassen lachen.

So ähnlich ist's beim Karneval
und bei 'nem wilden Maskenball.
Man kann da wie besessen
sich einmal ganz vergessen.

Die Sehnsucht nach der Flucht
ist oft wie eine Sucht.

Sie kann auch mal politisch werden,
um zu betäuben die Beschwerden.
Man kann sich an der Macht berauschen,

den Frust gegen Begeist'rung tauschen
und Aufregungen kriegen
mit Kämpfen und mit Siegen.

Da ist es besser doch gewesen,
zu fliehen in das Bücher-Lesen,
mit den verschiedensten Geschichten,
die Spannendes berichten,
möglichst mit Fabelwesen,
die mächtiger gewesen.

Es wird in jedem Leben
wohl einen Kick mal geben,
durch den man aus der Alltagswelt,
die einem gar nicht mehr gefällt,
in einen Ausbruch mal verfällt,
– der aber meistens auch nicht hält,
was er verspricht in dieser Welt.

Dass wir uns nicht zufrieden fühlen,
zu hängen in den Alltags-Sielen,
führt das uns nicht auch zu dem Streben,
zu ändern unser Glaubens-Leben?

Will man etwas zu ändern wagen,
müsste man mehr die Alten fragen.

Im Hinblick auf die Sterblichkeit
spüren sie die Vergänglichkeit
von Macht, Besitz und Geld,
weil aller Reichtum dieser Welt
am End aus ihren Händen fällt.

Und in den letzten Tagen
stellen sie ernste Fragen:

Was bleibt beim allerletzten Blick
von uns auf dieser Welt zurück?

Hat man was Sinnvolles getan?
Wann dachte man daran,
manch andren was zu schenken,
die dankbar an uns denken?

Hab ich Gedanken hinterlassen,
die etwas Sinnvolles erfassen
und in die Zukunft passen?

Was hab ich heute
für andre Leute
praktisch getan?

Wen bring ich heute
durch eine Freude
weiter voran?

Es wär doch eine Schande
brächte man nichts zustande,
was die einst positiv bewerten,
die waren einmal die Gefährten
bei unserm Gastspiel hier auf Erden.

Das Alter hat zwei Seiten,
die miteinander streiten:

Zum einen wird das Leben schwerer,
die Kraftreserven werden leerer.

Der Körper wird jetzt mehr zur Last
und er vergrößert den Ballast
von Krankheit und von Schmerzen
in Gliedern und am Herzen.

Um die Funktionen noch zu retten,
verzehrt man immer mehr Tabletten.

Und man wird nicht mehr ernst genommen
von denen, die schon nach uns kommen.

Doch auf der andern Seite
das Alter auch befreite
von vielen Alltagspflichten
und schweren Arbeitsschichten.

Man kann jetzt öfters ruhn
und kann so manches tun,
was uns füllt seelisch aus
als Hobby auch zu Haus.

Man spürt: es wird zu Ende gehn
und findet es trotz allem schön,
weil immer wieder man
sich doch noch freuen kann,
wenn noch einmal der Frühling kommt
und man noch mal Besuch bekommt.

Man hört noch interessiert,
was in der Welt passiert,
doch merkt man auch gern kritisch an,
was man nicht wichtig finden kann,
wenn man vorm Tor des Todes steht,
von der Vergänglichkeit umweht.

Um als Person ein Christ zu sein,
müsste ein guter Mensch man sein.
Man müsste seine Nächsten lieben
und sich in guten Taten üben.

Das würde besser uns gelingen,
wenn auch die Uhren anders gingen
in dem Gesellschaftsfeld.

Wenn auch die Lebenswelt
wär christlicher bestellt,
könnte das Hilfen geben
zum christlicheren Leben.

Auch in der Politik
ist christlich sein zwar schick,
es klingt ja auch ganz schön,
doch ist es ein Problem:

Heißt Politik seit alten Zeiten
nicht sich um Interessen streiten?

Was wär von Politik geblieben,
würde man seine Feinde lieben?
Man kann doch nicht in Frieden leben,
wenn böse Nachbarn Krieg anstreben?

Da sagen einige Parteien,
dass sie selbst christlich seien.

Was kann das praktisch denn bedeuten,
besonders in den Wahlkampf-Zeiten?
Muss man dann nicht den Eifer dämpfen,
die andern streitbar zu bekämpfen?

Müssten die christlichen Parteien
die Menschen nicht auch so befreien,
dass dann in Freiheit jedermann
seinem Gewissen folgen kann?
Dann dürften sie auch niemand drängen
zu fraktionellen Abstimm-Zwängen.

Sie müssen auch der Armen,
sich herzlicher erbarmen
und auch den Kranken und Alten
immer die Stange halten.

Sie sollten auch die Gier nach Geld
und Reichtum in der Welt
als unchristlich verdammen,
weil sie von dem Versucher stammen.

Würden sie Christi Beispiel sehen,
würden sie nicht zur Börse gehen,
um dort ums goldne Kalb zu tanzen
und sich die »Boni« zuzuschanzen.

Und Solidarität
hätte Priorität
und nicht der Kampf der Konkurrenz
im Wettstreit um mehr Effizienz.

Und Sklave sein des Wohlstands-Strebens
wär nicht die Quintessenz des Lebens,
weil Glanz und Reichtum dieses Lebens
sind vorm Unendlichen vergebens.

Geht nicht der Machtkampf um die Posten
bei Christen auf Gesinnungs-Kosten?

Mit Demut und Bescheidenheit
kommt man in der Partei nicht weit,
weil sie auch Neid und Zwietracht kennt,
selbst wenn sie sich gern christlich nennt.

Die christliche Gesinnung
bringt für die Machtgewinnung
als heiß erstrebtes Ziel,
meist nicht besonders viel.

Wollt man sich hier nach Christus richten,
müsste man auf Gewalt verzichten.
Sind denn nicht echte Christen
auch automatisch Pazifisten?

Wer ehrlich ist, der sieht es ein:
Kein Mensch kann so wie Christus sein.
Dem Anspruch wird erst recht
die Politik nie ganz gerecht.

Wir können nur bescheiden
uns hier dafür entscheiden,
uns immer ernsthaft zu bemühen,
uns auch auf Christus zu beziehen.

Schön wärs, wenn man dann noch erkennt,
warum man so was »christlich« nennt.

Alte Begriffe neu beleben,
das kann uns einen Anstoß geben
für das oft mühevolle Streben,
zu ändern unser Alltags-Leben.

Den Vorwurf der »Gottlosigkeit«,
von Höllendrohungen befreit,
kann man dann so verstehen,
dass keine Bindungen bestehen
an religiöse Meta-Welten,
in denen andre Werte gelten
und wo statt Macht und Geld
man Mitgefühl und Liebe wählt.

Für diese Glaubens-Werte-Welt
ist »Gott« als Schlüsselwort vertraut,
auf das die Väter schon gebaut.

Auch so ein Wort wie »Sündenfall«
versteht man dann fast überall
als Abfall von der Werte-Welt,
die Frieden auf der Welt erhält.

Das alte Wort vom »Buße-Tun«,
heißt schlicht dann etwas Gutes tun
als Ausgleich für die schlechten Taten,
die wir aus Egoismus taten.

Wenn man besonders sich beschäftigt
und's oft gedankenlos bekräftigt,
indem man fügt noch an:
»so wahr mir Gott auch helfen kann«,
dann hat das jetzt den Sinn,
dass höchstem Anspruch man

als Mensch wohl nur entsprechen kann,
wenn man sich auch verlassen kann
auf Hilfe aus der andern Welt,
die wird von Gottes Geist erhellt.

Das »Andere« ist immer da,
ist manchmal ferne, manchmal nah.
Es streift uns oft als Ahnung
und als Gewissens-Mahnung.

Es passt nicht in der Welt
zum Kampf um Macht und Geld.
Das Rechnen und das Konstruieren
kann auch zu ihm nicht wirklich führen.

Was plötzlich uns in Atem hält
und uns vor die Entscheidung stellt,
was wir jetzt wirklich wollen
und wie wir leben sollen,
das kommt aus einer andern Welt,
die völlig aus dem Rahmen fällt,
der unsre Welt zusammenhält.

Doch das wirkt nicht von außen ein,
mischt sich auch nicht als »Schicksal« ein.
Es drängt in unsern Seelen
zu einem neuen Wählen.

Was da in unsrer Seele schafft,
ist eine andre Meta-Kraft,
die unser Tun bestimmt
und uns die Ängste nimmt,
wir könnten im realen Leben
mit der Moral nicht überleben.

Man hat in den Nationen
in allen Religionen
dies »Andere« als Gott verehrt
und es als Weltherrscher verklärt.

Doch diese geistige Gewalt
hat keine menschliche Gestalt.
Sie hat auch kein Geschlecht.
Kein Bild wird ihr gerecht.

Sie tut sich im Gewissen kund
und motiviert im Seelengrund.
Sie wird uns sicher überleben
und uns vielleicht die Chance geben,
dass auch der Teil von unserm Wesen,
der ihr ergeben ist gewesen,
sich wird zu ihr erheben
und mit ihr weiter leben.

Wenn wir auf diesen Geist vertrauen
und auf den Gott dahinter bauen,
kann uns das eine Hoffnung geben
auf neuen Sinn in unserm Leben?

Es war wohl immer schon
das Herzstück großer Religion,
dass sie für Freundlichkeit plädiert,
die zu humanem Frieden führt.

Das ist ein alter Menschheits-Traum,
doch wir verwirklichen ihn kaum.

Je mehr es Menschen gibt auf Erden,
je schrecklicher die Waffen werden,
je dringlicher wird das Gebot
humaner Hilfe in der Not,
um immer schrecklichere Leiden
und Kriege zu vermeiden.

Je mehr wir die Natur zerstören
und nicht auf Klimaforscher hören,
je dringlicher wird's werden,
dass alle Menschen hier auf Erden
gemeinsam Umweltschützer werden.

Um aber friedlicher zu werden
und solidarischer auf Erden,
hilft dann die Motivation
durch eine Religion.

Ich frag mich: Welchen Gottesglauben
kann uns wohl die Vernunft erlauben?
Was können wir vernünftig glauben?

Wir halten Gott für einen Geist,
der auf ein Jenseits uns verweist,
das unsern Alltag übersteigt
und auf etwas ganz andres zeigt,
das unsrer Raffgier widerspricht
und unsern Egoismus bricht.

Wir glauben auch, dass Jesu Christ
von Gott zutiefst be«geist«ert ist
und dass er zeigt uns deutlich an,
wie hier auf dieser Erde man
auch Gottes Geist verkörpern kann.

Wir spüren auch, dass Gottes Geist
das menschliche Gewissen speist,
das tief in unserm Seelengrund
ist unser religiöses Pfund.

Wir brauchen Gott als das Gewicht,
das gegen's Großgewicht
von unsrer Selbstsucht nötig ist,
die sonst für uns erdrückend ist.

Der Gottesglaube ist die Macht,
die uns hat ethisch stark gemacht,
um unsre Gier zu überwinden
und Frieden in uns selbst zu finden,
uns solidarisch zu verbinden
und unsre Erde zu bewahren
vor sie zerstörenden Gefahren.

Die Frage gar nicht wichtig ist,
wie diese Welt entstanden ist
und ob auch Gottes Schöpfermacht
über das Weltgeschehen wacht.

Wir spüren nur, dass Gottes Kraft
mit uns so manches Gute schafft,
indem sie das Gewissen prägt
und uns zum Mitgefühl bewegt.

Gott greift nicht selbst als Schicksal ein,
er überlässt es uns allein,
ob mit dem Glauben wir an ihn
in einen Kampf fürs Gute ziehn.

Man erntet häufig Spott
glaubt man heut noch an Gott.

Doch »Gott« ist der Begriff,
sogar der Inbegriff
für eine Meta-Welt,
in der nicht Macht und Geld
und Materielles zählt,
und was noch sonst in dieser Welt
als Ablenkung gefällt.

Er steht für eine andre Sicht,
in der die Ethik und die Pflicht
und Solidarität regiert
und uns zur Nächstenliebe führt.

Gegen die herrschende Tendenz
zu Auslese und Konkurrenz
ist »Gott« das Gegenbild,
das unsre Vorstellung erfüllt
von einem bessren Leben,
nach dem wir heimlich streben.

Er stärkt unser Gewissen,
so dass wir alle wissen,
was wir moralisch sollen,
auch wenn wir es nicht wollen.

»Gott« ist Symbol für eine Kraft,
die in der Welt das Gute schafft,
trotz aller Obsessionen
mit Neid und Korruptionen.
Sie hilft, vom Hang zum Bösen
uns mehr und mehr zu lösen.

Die Kraft kann mit den Jahren
man immer deutlicher erfahren
in jeder wachen Menschenseele.

Wann immer ich das Gute wähle
und nicht auf meinen Nutzen zähle,
wann immer ich aus Liebe
'ne gute Tat verübe,
nehm ich auch teil an jener Welt,
die man für Gottes Wirkungsfeld
und auch für seine Schöpfung hält.

Diese Erfahrung ist real.
Sie stellt uns ständig vor die Wahl,
dass wir entscheiden müssen
für oder gegen das Gewissen.

Dass wir als Wesen uns verstehn,
die unter einem Anspruch stehn,
der uns weist weit hinaus
über das Erden-Haus,
das zeichnet uns als Menschen aus
und macht die Menschenwürde aus.

Wir suchen Gott zu fassen,
indem wir menschlich ihn erfassen
nach unseren Verstehensformen
in personalisierten Formen
als Vater und Regent,
den man den »Herrgott« nennt.

Doch das ist nur ein Bild,
für das, was uns erfüllt
als eine Meta-Kraft,
die es oft wirklich schafft,
dass wir doch besser werden
und fördern Freundlichkeit auf Erden.

Die Suche nach dem Sinn des Lebens,
scheint ohne »Gott« oft ganz vergebens.

Das Ringen für die bessre Welt,
das ohne Gier nach Macht und Geld
für mehr Gerechtigkeit
und mehr Barmherzigkeit
sich altruistisch engagiert,
und das uns zu dem Frieden führt,
ist meist vom Glauben inspiriert,
der irgendwie auch Gott berührt.

Auch die Vernunft hat nichts dagegen,
glaubt man an dieses Gottes Segen
und dass man in der Heilsgeschichte
steht einst vor geistlichem Gerichte.

Da werden wir vielleicht gewogen
und es wird auch Bilanz gezogen,
wie weit es uns gelungen ist,
in unsrer kurzen Lebensfrist
dem höhern Auftrag zu entsprechen
und mit der Selbstsucht mehr zu brechen.

Es wird wohl niemals ganz gelingen,
den Hang zum Bösen zu bezwingen.
Und doch: im Glauben drum zu ringen,
kann uns vom Kleinmut auch befrein
und stützt auch das Vernünftig-Sein.

Der Glaube gibt uns einen Sinn:
Ich weiß, wozu ein Mensch ich bin.

Wir fragen uns in Seelennot:
Wann sind wir einmal wirklich tot?

Selbst wenn ein Leben ausgeklungen,
lebt es noch in Erinnerungen.

Das Osterfest erinnert auch
nach altem Christen-Brauch,
dass Christus auferstanden ist,
nachdem er schon gestorben ist.

Was sagt uns Christi Auferstehung
als Gleichnis für die Neu-Entstehung
in der Erinnerung der Lieben,
die trauernd sind zurück geblieben?

Maria denkt an ihn,
da plötzlich sieht sie ihn
in ähnlicher Gestalt.
Doch er ruft »Halt,
rühr mich nicht an.
Bin nicht der Erden-Mann,
bin auferstanden hier,
erscheine anders dir.«

Es ist nicht nur sein Geist,
der seitdem weiter reist.
Es ist sein Bild und Geist vereint,
was dann auch anderen erscheint,
– so wie auch in Erinnerungen
sind Lebens-Bilder eingedrungen,
mit Szenen, die beeindruckt haben
und Züge des Verstorbnen haben.

Kann Christi Weiterleben
für uns ein Gleichnis sein,
wie auch nach unserm Leben
wir gehn in das Gedächtnis ein
der Menschen, die uns lieben
und sind zurück geblieben?

Das Bild aus unsern Erdentagen,
das sie von uns noch weiter tragen,
sollte dann positiver sein,
drum setzen wir uns dafür ein,
dass wir von unserm Leben
ein gutes Bild abgeben.

Kann das uns dann nicht motivieren,
ein bessres Leben hier zu führen?

Und kann das nicht entscheidend werden
für das Sich-Ändern hier auf Erden?

Das »Jenseits« ist uns nicht bekannt,
doch auch nicht völlig unbekannt:

Man kann die Linien weiter ziehen,
die sich schon hier darauf beziehen,
dass jenseits unsrer Erdenwelt,
wo Egoismus und das Geld
uns allen immer so gefällt,
es gibt noch eine Geisteswelt,
in der mehr das Gewissen zählt
und menschliches Verstehen
und Zueinanderstehen.

Wo dieser Geist lebendig ist,
der 's Haben-Wollen ganz vergisst,
tritt man da in ein »Jenseits« ein,
wo man wird Gott schon näher sein?

Was uns auf Erden nicht gelingt,
und unsre Ichsucht nicht bezwingt,
könnte im »Jenseits« dann gelingen
und seelische Erfüllung bringen.

Dass man die Wandlung dann erreicht,
die Aussicht macht vielleicht
das Sterben für uns leicht.

Von Günther Dohmen sind im
BoD-Verlag bereits erschienen:

Dunkle Vergangenheit – Helle Zukunft.
Dialogischer Bildungsroman (2007)

Wie sollen und können wir leben?
Gereimte Denkberichte I (2008)

Auf die Schippe genommen.
Gereimte Denkberichte II (2008)

Die Krise und die Wende
Gereimte Denkberichte III (2009)